Leopold Wreschner

Samaritanische Traditionen

Leopold Wreschner

Samaritanische Traditionen

ISBN/EAN: 9783743642454

Hergestellt in Europa, USA, Kanada, Australien, Japan

Cover: Foto ©ninafisch / pixelio.de

Weitere Bücher finden Sie auf **www.hansebooks.com**

naritanische Traditionen,

mitgeteilt und nach ihrer

geschichtlichen Entwickelung untersucht.

Inaugural-Dissertation
zur
Erlangung der philosophischen Doctorwürde
bei der
hochlöblichen philosophischen Facultät
der
Kgl. Preussischen vereinigten Friedrichs-Universität
Halle-Wittenberg
eingereicht von
Leopold Wreschner.

HALLE

1888.

Seinen teuren,

hochverehrten Eltern

in inniger Liebe und Dankbarkeit

zugeeignet

vom Verfasser.

Einleitung.

I.
Zur Geschichte des Religionsgesetzes bei Samaritanern.

Geschichte und Litteratur der Samaritaner verdienen, abgesehen von ihrer sprachlichen Seite, schon ihrer selbst wegen eine besondere Beachtung, da sie uns Thaten und Anschauungen der ersten und ältesten[1]), israelitischen Secte vorführen. Noch mehr aber darf die Stellung der letzteren zu der Gesamtheit der mosaischen Gemeinde, ihr Zusammenhang mit dem Geistesleben des alten Israels und der jüdischen Zeitgenossen, sowie ihr Einfluss auf spätere Erscheinungen in der jüdischen Geschichte ein eingehenderes Studium für sich beanspruchen. — Nach dieser Seite wurde der Charakter der Samaritaner verhältnismässig früh durch die eigenartige Deutung und Bethätigung der einzelnen Gesetze des Pentateuchs wesentlich bestimmt. Denn mag auch in älterer Zeit, da der Ursprung dieses Mischvolks noch deutliche Spuren zurückgelassen und eine friedliche Vereinigung mit dem damals noch selbstständigen, jüdischen Staate schon deshalb verhindert hatte, der Gegensatz zwischen Juden und Samaritanern fast ausschliesslich politischer und dogmatischer Natur gewesen sein, wie es unter andern die Wahl eines national-religiösen Mittelpunktes, des Gerisim, die damit verbundene Verwerfung der Propheten,

---

[1]) Nach Petermann, Reise im Orient S. 272, (a. 1856) leben jetzt noch etwa 122 Samaritaner in Nablus.

Hagiographen und des überlieferten Pentateuch-Textes, die Leugnung der Unsterblichkeitslehre[2]) sowie die Beibehaltung des altebräischen Schriftcharakters zeigen, so war doch später, als durch die Schriftgelehrten (סופרים) die Entwickelung des Gesetzes in den Vordergrund der innern Geschichte des Judentums gestellt ward, auch diese stets winzige Sekte dazu gedrängt, sich den allgemeinen Bestrebungen anzuschliessen und einen eignen Standpunkt in der Gesetzesauslegung zu vertreten. So weit sich derselbe aus den nur spärlichen, talmudischen und sonstigen gleichzeitigen Berichten, oder auch aus späteren samaritanischen Traditionen, deren Alter nachweisbar oder wenigstens wahrscheinlich ist, ermitteln lässt, standen die alten Samaritaner in den meisten Punkten auf Seiten der jüdischen Tradition, (Mass. Cutim, ed. Kirchheim, I., Jer. Abod. Sar. 54, Chullin 4 a.), was wohl die Belehrung durch israelitische Priester (2 Kön. 17, 23) nicht minder, als die nachher lange Zeit fortgesetzten, direkten Entlehnungen von den Juden bewirkt haben. Ersteres, die Abhängigkeit von den Priestern, steht auch im Zusammenhang mit der bis auf den heutigen Tag bevorzugten Stellung derselben bei den Samaritanern im Vergleich zu dem Verhalten der Juden. Denn in der Hand der Priester lag fast stets die Pflege des Gesetzesstudiums und sonstiger samaritanischer Gelehrsamkeit, sie hatten über den Kalender zu wachen, den Gottesdienst zu leiten und das Amt des Vorbeters in erster Reihe zu versehen[2a]). Auch einzelne Abweichungen von den jüdischen Gesetzesauslegungen wurden dadurch geschaffen, so die Pflicht, die Baumfrüchte des 4. Jahres nach der Einpflanzung sowie das Erbgut eines Proselyten dem Priester zu überlassen. (Chronic. Sam. ed. Juynboll, cap. 38. — S. S. 82). In anderen, ausschliesslich samaritanischen Differenzen, besonders

---

[2]) S. darüb. Nutt: Samaritan targum with introduction pg. 32, Anm. 2, pg. 40, Anm. 1.

[2a]) S. S. XV No. 7. Nur bei Ermangelung eines ahronidischen Priesters darf ein anderer dieses Vorbeteramt vertreten. (Kitab'ul Kafi, Hall. Ms. pg. 4; vgl. über dass. Einl. II S. XVIII).

in der Auslegung solcher Gesetze, die mit den im heidnischen Asien bestehenden Satzungen eine Verwandtschaft zeigten, so dass der Wortlaut des mos. Rechtes die Beibehaltung des alten Brauches nicht zu verbieten schien, dürfte der Einfluss der heidnischen Heimat noch wohl zu erkennen sein. Hierher gehört die altindische Auffassung, dass das Gesetz über die Leviratsehe nur für verwittwete Bräute gelte [3]), (Kidd. 75, b; Manu's Gesetzb. IX, 69), wahrscheinlich auch die sam. Verschärfungen der Reinheitsgesetze, wie wir sie in ähnlicher Weise bei den alten Persern und Indern wiederfinden. (S. S. 38). Die bisher fast allgemein verbreitete Annahme, dass diese und andere sam. Auslegungen weit älter als die im Talmud überlieferten und ein Rest altisraelitischer Traditionen seien, obschon deren Existenz und Wesen auf dem Gebiete einer von der jüd. getrennten Gesetzesdeutung uns gänzlich unbekannt ist, entbehrt jedes wissenschaftlichen Grundes und stützt sich auf die zwar oft ausgesprochene, aber darum doch nicht minder falsche Voraussetzung, dass die Samaritaner von jeher in ihren religiösen Anschauungen und Gebräuchen hartnäckig conservativ seien und durch ihre Abgeschlossenheit die einmal angenommene Halachah in ihrer Reinheit, frei von fremden Einflüssen und Veränderungen erhalten hätten [4]). Die Möglichkeit einer

---

[3]) Da der Talmud hiermit den Ausschluss der Cutim aus der jüd. Gemeinschaft begründet, so kann diese Erklärung ebenso wenig wie jener Ausschluss auch auf Sadduz. bezogen werden, wie Geiger, Urschrift etc. 235 u. Hechaluz V, 26 ff. beweisen will; vgl. Anm. 3.

[4]) Diesen Standpunkt vertritt bereits Reland, diss. Misc. II pg. 53, 44 ff.; Juynboll, chron. Sam., Noten zu cp. 38, besonders aber Geiger in der Urschrift und fast in all s. Abhandlungen über Sam. in der Ztschr. der D. M. G. und Hechaluz V, wo er oft spät-sam. Entlehnungen von Karäern zugleich den Sadduzäern unterschiebt und in dieser so von 3 Sekten verbürgten Ueberlieferung die altisrael., von der jüdischen verdrängte Halachah wiedererkennt. Muss dieses Vorgehen nicht zu Resultaten führen ähnlich der Behauptung Bertolds, dass das im 14. nachchristl. Jahrhund. entstandene sam. liber Josuae dem gleichnamigen biblischen Buch an Glaubwürdigkeit voranzustellen sei? (S. dessen Einl. III S. 871). An Geiger haben sich

solchen Annahme erscheint fast unbegreiflich, so man die Unbeständigkeit und Unselbstständigkeit dieses Volkes, ihre schmiegsame und nachgiebige Traditionskette ein wenig näher ins Auge fasst. — Der Sadduzäismus sollte der erste Prüfstein für ihre Standhaftigkeit sein. Sadduz. wie Sam. er erklären sich in gleicher Weise über die Zeit des Wochenfestes, (S. Einl. II. cap. VII) über die Befreiung von dem Anlegen der Phylakterien, (Menach. 42 b, de Sacy, in notices et extraits XII, 123) über die Ausdehnung der Unreinheit eines Aasses (S. Einl. II. Cap. IX.), wahrscheinlich über die Opfertiere für das Passah (S. S. 21 ff.), über die Zeit desselben bei der Collision mit dem Sabbath (S. S. 28); wir sehen beide Sekten einander nähern in der Auslegung der Erbgesetze, (S. S. 39), in der Bestrafung falscher Zeugen[5]), beide einig in der Bekämpfung der bei Rabbinen üblichen Monatsberechnung (S. S. 10) und deren Bestimmungen über die Unreinheit der Frauen. (S. S. 30). Wäre es nun denkbar, dass die viel mächtigeren, dem Boden des Judentums entsprungenen Sadduzäer von dem unansohnlichen Fremdling jüdische Gesetzeserklärungen annahmen, ohne dass die pharisäischen Geschichtsquellen, wie Talmud und Josephus, die von keinerlei Gemeinschaft berichten, eine solche Blösse ihrer Gegner aufgedeckt hätten? War es nicht vielmehr natürlich, dass die Sam. dem Sadduzäismus gern Aufnahme bei sich gewährten, einerseits, aus Opposition gegen den herrschenden Rabbinismus, der eine Verschmelzung mit ihnen entschieden abwies, andrerseits weil jener sich oft durch

---

angeschlossen Schorr, Hechaluz VIII. S 59, Nutt, a. a. O., Drabkin, fragmenta comm. ad pentateuch. sam. arab. sex, 1875 u a. m.

[5]) Während aus Abulfatach, annales samar. ed Vilmar pg. 149 hervorgeht, dass die Sam. in der Bestrafung falscher Zeugen (עדים זוממים) mit den Sadd übereinstimmen, (Jost, Gesch. d. Judent. u. s. Sekt. I, 222) spricht Abulf. a. a. O. pg. 112 ff., wonach die falschen Ankläger der Tochter des Hohenpriesters Amram nach deren Rechtfertigung hingerichtet werden, für die pharisäische Erklärung.

seine erschwerende Richtung empfahl, und die Sam. damals wie ein Jahrtausend später (S. weiter S. XII) durch solche Erschwerungen ihren israelit. Namen zu befestigen glaubten? Das Bewusstsein dieses Zusammenhanges mit den Sadduz. scheint sich auch noch später bei ihnen erhalten zu haben. So erklärt es sich, dass der sam. Geschichtsschreiber Abulfatach — unzweifelhaft nach dem Vorgang älterer Schriftsteller seines Volkes — den Sadd. nicht nur zugleich mit den Kirchenvätern (S. Urschrift S. 133) die Verwerfung der nicht-pentateuchischen, biblischen Schriften, sondern auch die bei ihnen selbst erst spät eingeführte Methode, das Schriftgesetz durch den Analogieschluss zu interpretiren, (s. S. XII.) unterzuschieben suchten. (Abulf. a. a. O. p. 102). — Dass die bald gänzlich von den Juden getrennten Sam. an ihrer zum Teil den Rabbinen, zum Teil den Sadd. entlehnten Gesetzesauffassung auch nach deren Untergang festhielten, war natürlich. Erst mit dem Auftreten der Karäer beginnt eine neue Aera für die Geschichte ihrer Schrifterklärung. Zahlreicher als früher zeigen sich nun die Uebereinstimmungen und Verwandtschaften mit diesen neuen Bekämpfern der alten Halachah. Das Eingehen auf die Frage nach dem Ursprung jener Uebereinstimmung ist hier um so lohnender, als sie mit der Entstehungsgeschichte jener grossen, durch Anan hervorgerufenen Bewegung verknüpft ist, um so dringender, als auf Grund der Ergebnisse wissenschaftlicher Untersuchungen ein unmittelbarer Zusammenhang der Karäer mit den Sadduzäern von fast allen Fachgelehrten in Abrede gestellt wird [6]), mithin die Uebereinstimmung beider namentlich in den tiefer liegenden Differenzen der Erklärung bedürftig ist. — Schon der Umstand, dass die älteren, arabisch schreibenden Karäer in der unmittelbaren Nähe der von Sam. bewohnten Gegenden sich aufhielten, macht

---

[6]) Vgl. Gottlober, בקרת לתולדות הקראים S. 10 u. Frankl, in Ersch u. Gruber II, 33 S. 12 u. Anm. das., sowie Neubauer, aus der Petersb. Bibliothek S. 2.

nahe Beziehungen beider Sekten wahrscheinlich[7]). Nach den Reiseberichten Benjamins von Tudela waren sogar in ein und derselben Stadt grössere Gemeinden von beiden Parteien, so in Damaskus, der Hauptpflegestätte samarit.-arabischer Gelehrsamkeit, 400 Samarit. und 200 Karäer, in Askalon 300 Samarit. und 40 Karäer zugleich. Aus den Schriften jener erhellt ausserdem zur Genüge, dass sie der karäischen Litteratur voll und ganz ihre Aufmerksamkeit schenkten. Häufig werden von ihnen karäische Erklärungen citiert, Anan und Josef el Kirkissani (S. 12. Anm.) von Munagga, die Karäer Abu'l' Farag' Harun und Abu'l' Farag' ibn Asad vom Scholiasten des Abu Said[8]) ausdrücklich genannt. Wenn wir bei Karäern andrerseits allerdings nur verhältnissmässig selten Bezugnahmen auf Samaritaner, wie im Oscher des Jacob b. R'uben, (Steinschneider, Leidener Kat. S. 109) in einem Fragmente eines alten Sefer Hammizwoth (ibid. S. 111) und im Original des Berichtes im Eschkol Hakkofer S. 41[9]) finden so vergesse man nicht, dass von den Schriften älterer Karäer nur geringe und lückenhafte Ueberreste uns erhalten sind, und die Entstehungszeit dieser Spaltung im Judentume für uns in ein undurchdringliches Dunkel gehüllt ist. Noch weniger darf gegen die Herübernahme sam. Traditionen der Umstand geltend gemacht werden, dass spätere Gelehrte aus der Mitte der Karäer, wie der erwähnte ibn Asad und der Gewährsmann des Ju-

---

[7]) Die Uebereinstimmung kar. u. samar. Gesetze bemerkte zuerst Reland (dissertatio de Samarit. pg. 90 ff.), doch ohne sie näher zu erklären. Frankel (Einfl. d. palästin. Exegese auf die alexandr. Hermeneutik, S. 252) spricht die Ursprünglichkeit den Karäern zu, belegt aber diese Ansicht durch ein nicht zutreffendes Beispiel, (s. S. 19 u. Anm. 10 ib.) während Geiger an zahlreichen Stellen das Alter der sam.-karäisch. Differenzen möglichst hoch — oft in die vorsadduzäische Zeit — hinaufrückt. Ihm folgt Drabkin a. a. O. u. Nutt. a. a. O. vgl. ob. Anm. 4.

[8]) Zeitschrift der deutsch-morgenl. Gesellsch. XX S. 569.

[9]) Harkavy: »זכרון לראשונים« vermutet Joseph el Kirkissani als Gewährsmann dieses Berichtes bei Juda Hadassi.

da' Hadassi sich über Samaritaner vorwurfsvoll und abwerfend äussern, da bekanntlich eine unglaubliche Unklarheit über die eigene Entwickelung und die nur dadurch mögliche Schmähsucht gegen ihre eigenen Lehrer zu den am schärfsten ausgeprägten Eigenschaften dieser Sekte zählen. (Vgl. Neubauer, a. a. O.) Wie anders sollten die Uebereinstimmungen in der Auffassung der Verordnung über die Leviratsehe, (S. Fürst. Gesch. d. Karäert. III., S. 12; Ztschr. d. D. M. G. XX, 560 und Hechaluz a. a. O.) in der Deutung der Reinheitsgesetze, (S. S. 33 ff.) in der Ausdehnung des Arbeitsverbotes am Sabbath, (S. 15 ff.) in der Annahme der Selbstständigkeit eines Fötus, (S. Einl. II. cp. XXII.) sowie in anderen nicht naheliegenden Erklärungen, deren samar. Ursprung fest steht, zu erklären sein als durch die Annahme direkter Entlehnungen von den Samaritanern? Kann man den Einfluss der letzteren läugnen, wenn man erwägt, dass das karäisiernde Haupt der Akbariten-Partei, Musa, (Meswi) nach der ausdrücklichen Ueberlieferung des el Mukammez (im Eschkol a. a. O.) sogar Text und Schriftzeichen gleich den Sam. änderten? Ist die Abhängigkeit von diesen zu verkennen bei Moses Abu Amram, dem Tiflisiten, (karäischem Sektenstifter um 850), der selbst die von allen verworfene Monatsberechnung und die Vermehrung der für das Passah eraubten Opfertiere von den Samaritanern entlehnte [10] (S. 10, Anm. 13 u. S. 23)? Die Einwirkung des Samaritanismus

---

[10] Vgl. Duckes, Mitteilungen II S. 30 Anm. 1 u. Grätz, Gesch. d. Jud. V Note 18. IV. Auch über den Genuss des Hühnergeschlechtes erklärt er sich gegen Anan im Sinne der Samaritaner. (vgl. Pinsker, Likkute, Kadmonioth, Anhänge S. 84 Anm. 1). Dass er die Fetteile für erlaubt erklärte, ist an sich sehr verdächtig, da der den Schweif vom Genusse ausschloss, hat aber übrigens in der Ansicht des Samarit. Nafis'ed' Din eine Parallele. (vgl. Drabkin a. a. O. 37) Nach alledem ist es höchst wahrscheinlich, dass unter der samarit. Sekte Musawi (vgl. Juynboll, lib. Josuae pg. 37 Anm. 2) keine andere als die des Moses (Musawi) Abu Amram zu verstehen ist, wenn überhaupt an jener Stelle eine besondere Sekte gemeint ist (vgl. Nutt. a. a. O. S. 47 Anm 2

auf das karäische Schisma ist also schwerlich zu bezweifeln und durch diese Vermittlung findet auch die rätselhafte Uebereinstimmung des letzteren mit dem Sadduzäertum ihre Erklärung. — Da jedoch der seinem Vorgänger weit überlegene Karäer das Empfangene selbstsändig weiter entwickelte, geschah es gar bald, dass der wankelmütige Samaritaner hinwiederum von jenem sich beeinflussen und beherrschen liess, so dass die altsamaritanische Deutung oft der karäischen Umbildung Platz machen musste, und zwar immer mehr, je mehr im Laufe der Zeit die nach und durch Saadiah neu erwachte Thätigkeit des Sam. in völlige Schlaffheit zurücksank. So wurde bald sein Schlachtritual, (S. S. 47 ff.) die alte Erklärung über die Leviratsehe, die sie zuerst nur auf wirkliche Brüder, dann auf Verwandte bezogen, (vgl. Petermann, a. a. O. 279; Hechaluz a. a. O.), seine alte, mit der rabbin. übereinstimmende Auffassung von Trephah (Jer. Ab. Sar. 53; Einl. II. cap. XIX; Eschkol No. 234) und später vieles andere karäisiert, besonders das Ursprüngliche durch Erschwerungen aus ängstlicher Vorsicht [11]) erweitert. Ganz abhängig von Karäern zeigte er sich in der Methode der Schrifterklärung. Ihre Unterscheidung zwischen Schriftausdruck und Volksausdruck שם של תורה שם של לשון, اسم لغوي! اسم شرعي, kehrt bei Munagga und anderen Glaubensgenossen häufig wieder. Besonders aber operieren diese wie jene mit dem, den Arabern entlehnten Analogie-Schluss [12]) (הקש, قياس). „Der Kijâs — sagt Munagga (Hdschr. S. 131) — ist eine wichtige Grundlehre, und muss offenbar überall, wo kein Schriftwort oder sonstiger Grund direkt im Wege steht, angewendet werden. Der Sinn ist

---

Ende). Am wenigsten aber kann darunter die von der samar. Religion ganz verschiedene Sekte des Musawi aus Baalbek zu verstehen sein (wie. Jost, a. a. O. I S. 68 meint).

[11]) احتياطا ونحسن! wie es Munagga selbst oft bezeichnet. Vgl S. 1.

[12]) Vgl. Grätz, a. a. O. Note 17, IV, 3. Eine andere Entlehnung von Grundsätzen der muhmd. Schultheologie s. S. 14 Anm. 3.

dann ein allgemeinerer als der durch das Schriftwort unmittelbar gegebene". [13]) Den Juden (Rabbaniten) dagegen kann er nicht oft genug das Festhalten an der wörtlichen Bedeutung vorwerfen.[14]) Dass jedoch nicht alles, was durch den Kijâs begründet wurde, thatsächlich auf diese Weise entstand, sondern oft einer alten Tradition eine zeitgemässe Deduktion nachträglich untergeschoben wurde, war natürlich. So wurde die Halachah der Sam., errichtet auf dem Grund jüdischer Tradition mit nur wenigen eigentümlich samarit. Zuthaten, bald durch das Uebergewicht der Sadduz., bald durch die gänzliche Unterordnung unter die von karäischer Willkühr diktierten Gesetze zu einem unorganischen Gemisch bunt zusammengewürfelter Bestandteile, ähnlich wie dieses Mischvolk selbst durch eine planlose Zusammensetzung der verschiedensten Völkerschaften entstanden war. —

Aber auch von anderer, unjüdischer Seite erfuhr die altsamaritanische Gesetzesauslegung eine nicht unwesentliche Veränderung durch die unmittelbare Einwirkung der Moslemen, unter deren Herrschaft die Samaritaner seit 636 gekommen waren. Hierzu trug nicht nur das gute Einvernehmen, welches lange Zeit zwischen ihnen und den Anhängern des Islams bestand, bei, sondern noch mehr die zahlreichen Uebertritte zu demselben aus der Mitte jener Sekte zur Zeit der ihnen ungünstigen Abbassiden und Fatimiden.[15])

---

[13]) والقياس أصل كبير والظاهر استعماله فى كل اصل مائم يمنع عنه مانع من لفظ خطاب او علة ومع عدم المانع يوجب القياس فالمقصود اذا اعم من الخطاب ähnlich S. 73, 140 u. sonst häufig, auch bei anderen Samaritanern.

[14]) انكم تمسكون بمجرد النطق وحده

[15]) Vgl. Abulfatchi annales pg. 181, Juynboll: commentarii in historiam gentis Samaritanae, pg. 166, sowie das milde Urteil der Samarit. über Muhamed, mitgeteilt in Ztschr. d. D. M. G. XXII 532. Fälschlich fasst Drabkin (a. a. O. S. 37 Anm. 1) Abu-'l' Chasan als Gegner und Bekämpfer dieses Urteils auf, da er die Berichtigung zur Inhaltsangabe seines Werkes (im catal. cod. oriental. biblioth. Bodlej. II) übersehen hat.

— XIV —

So finden wir bei den Samaritanern dieser und der folgenden Zeit nicht nur Entlehnungen moslemitischer Fabeln und Erzählungen, (Juynboll, chron. sam. pag. 109), sondern auch das Ehegesetz,[16]) das Erbrecht (S. S. 41), die Schlacht- und Trauerceremonien (S. S. 45, 46 ff.) waren besonders dem Einfluss des Islams ausgesetzt. In dem Kitâb'ul Kâfi (Hallesch. Hdschr. S. 13) findet sich ferner das Verbot, dass ein durch eine Pollution Verunreinigter (קרי לילה) vor der Reinigung das Gebet verrichte,[17]) ganz übereinstimmend mit Koran, Sure IV, V. 42. Auch der Einfluss des muhamedanischen Weinverbotes [17a]) ist deutlich zu erkennen, wenn es in der genannten Hdschr. S. 19a, ganz im Gegensatze zu dem rabbin. Brauche heisst: „Man soll sich am Sabbath vom Weine fernhalten, da er die Stütze des Frevels und die Veranlassung zu schlechten Thaten ist",[18]) eine Bestimmung, die in ihrer ursprünglichen Ausdehnung wie manche andere der hier genannten auch auf einige Karäer überging.[19]) Sehen wir demnach schon beim Ausbau der mehr inneren Religionsgesetze das Auge der Sam. auf die Institutionen der muselmännischen Nachbarn hinüberschielen, so ist es um so weniger zu verwundern, dass jene sich die bei dem Muhamedaner üblichen Ceremonien beim Gebete, dem Hauptfaktor des islamitischen Kultus, in ausgedehntem Maasse zu eigen machten. Reland (a. a. O. pg. 12 u. 68) wies bereits auf die Aufnahme

---

[16]) Verbot, die Nichte zu ehelichen, vgl. Steinschneider polemische Litteratur S. 398, Anm. 1.

[17]) قال الشيخ انا كان على الانسان קרי לילה . . . وتطهر في الماء..ثم حضر ليودي فرض الصلاة . . .

[17a]) Muradgea d'Ohsson, tabl. de l' emp. othom. Paris, 1787 II S. 104, 113 ff., Weil, Muhmd. pag. 139. Anm. 208.

[18]) ويكره فى يوم السبت الخمر ان هو لعيبمة القبائح وموجب الفصائح الخ

[19]) Vgl. Steinschneider: Beschneidung der Araber und Muhamedaner S. 26 u. 27 sowie in Ersch und Gruber, II, Am. 27 S. 405, Anm. 10.

liturgischer Formeln aus dem Koran in sam. Gebete hin. Einen besonders beachtenswerten Beleg hierfür liefert wiederum das Kitâb'ul kâfi. In demselben [20]) wird verlangt, dass man beim Beten 7 Bedingungen beobachte, 1) Reinheit der Gedanken, 2) dass man das Herz fern halte von allen Nebengedanken, 3) die aufrechte S̤tellung, 4) das Ordnen der Füsse, 5) das Ausstrecken der Hände, 6) die Richtung der Kiblah, 7) dass man dem Iman (dem vorbetenden Priester) folge, Bestimmungen, die mit Ausnahme der 4. u. 7. als muhmd. Vorschriften bekannt sind. (Vgl. d'Ohsson a. a. O., I, S. 165 ff.) Schliesslich sei noch auf manche Uebereinstimmungen mit den in und um Harran früher ansässigen syrischen Heiden wenigstens hingewiesen. Dass diese und ihre Gebräuche den Sam. zugänglich waren, dafür sprechen nicht nur die einst zahlreichen Kolonien derselben in Syrien, sondern noch mehr die Ueberlieferung, das 2 angesehene Gelehrte aus ihrer Mitte, der im folgenden Abschnitt näher besprochene Zadakah sowie Muwaffik' ed' din, (beide um 1200) ihre letzte Lebenszeit in Harran selbst zugebracht haben. (Juynboll, comm. in histor. etc. pg. 42 u. 59, note 4). Beide, Sam. wie Harranier, schreiben vor, dass das Ehebündnis vor Zeugen und stellvertretenden Verwandten (ولى hier nicht=Schwiegervater) stattfinden müsse (S. Chwolson, Ssabier und Ssabismus II 446 und weiter Einl. II, cp. 3), dass die Menstruierende gänzlich abgeschlossen werde (S S. 38 und Maimonides, Morch Neb. III, cp. 39);[21]) wahrscheinlich ist auch eine Ueber-

---

[20]) Ib. pg. 2 (Hall. Mscr.) ومن واجبات الصلوت ان يعتمد
فى وقت اداءها سبعة اشياء اولها صفاء النية وثانيها خلاء
القلب من جميع انواع الفكر وثالثها نصب القامة ورابعها صف
القدمين وخامسها بسط الكفين وسادسها اتجاه القبلة وسابعها
اتباع الامام ,

[21]) Dass diese Stelle auf die Ssabier, nicht auf die Perser zu beziehen sei (Chwolson, a. a. O. I, 692) beweist Schorr, Hechâluz VII Anm.

einstimmung in der Art des Schlachtens (S. cp. XV, Anm. 5) Besonders bemerkenswert aber ist die beiden gemeinsame, höchst auffallende Bestimmung, verunreinigte Orte durch Feuer zu reinigen. So schreibt das Kitâb' ul kâfi vor, dass die Stelle, die ein an einer Leiche Verunreinigter oder eine gebärende Frau betreten, ebenso alle schwerbeweglichen Gegenstände (die nicht ins Wasser gebracht werden können) nur durch Feuer zu reinigen sind,[22]) während Maim. a. a. O. dasselbe von den Ssabiern betreffs des durch die Menstruirende verunreinigten Ortes überliefert. — Auf welcher Seite jedoch die Priorität, falls ein Abhängigkeitsverhältniss in den zuletzt genannten Fällen vorliegt, zu suchen ist, soll hier nicht entschieden werden.

Doch das Resultat dieser Betrachtung, dass nämlich das Gepräge des samarit. Religionsgesetzes im Laufe einer nach Jahrtausenden zählenden Geschichte die verschiedensten Formen angenommen hat[23]), und den Einwirkungen von aussen her um so mehr ausgesetzt war, je weniger es durch die fast gänzliche Verzichtleistung der Samar. auf Selbstthätigkeit von innen heraus fortgebildet wurde, wird schwerlich erschüttert werden können. Man wird daher nicht bestreiten können, dass ein Volk, das, wenn auch wirklich mit einigen zurückgebliebenen Israeliten vereinigt, so doch nichtsdestoweniger bedeutende heidnische Elemente in sich birgt[24]),

---

[22]) Hall. Mscr. pg. 46. فموضع מה טמא מה טהרه,. بالنار.. وموضع تلد فيه الامراة يطهر بالنار ... وكذلك كل شيء يكون ثقيل يعاجز عن حمله .. فيكون طهره بالنار, vgl. auch lib. Jos. cp. 47, wonach die von Heiden betretenen Stellen im Feuer gereinigt wurden.

[23]) Die Berichte spät-sam. Schriftsteller und Korrespondenten können daher nicht ohne sorgfältigste Prüfung als Zeugnisse für den alten Samaritanismus gelten, wogegen besonders Jost, Gesch. d. Juden u. s. Sekten I S. 44 ff. fehlt.

[24]) S. die verschiedenen Standpunkte über diese Frage bei Appel: de rebus Samarit. sub imper. Roman. gestis pg. 11 Anm 1 u 2, Vgl. auch Kautsch in Herzogs Encyklop., Artik. Samarit.

— XVII —

und auch später angesichts des mutigen Kampfes der Juden für ihre Religion durch Verläugnung seiner israelitischen Herkunft sich den Frieden zu retten suchte (Jos. Ant. 12, 5), ein Volk, das den Pentateuch in ungefälschtem Zustande weder erhalten durfte, noch wollte, von den Propheten Israels aber nicht einmal eine Kunde bewahrte, ein Volk, das von der altkutäischen Sprache nichts (Kohn, zur Sprache, Litteratur und Dogmat. d. Sam. 103 ff.), von der altisraelitischen nicht mehr als die äussere Hülle, die Schriftzeichen, von der Sprache selbst aber nur wenige, bis zur Unkenntlichkeit entstellte und verstümmelte Reste zu erhalten vermochte, dass ein solches Volk gänzlich ungeeignet sein musste, die nur von Mund zu Mund fortgepflanzten Traditionen des alten Israels, die doch eine weit grössere Pflege und Widerstandsfähigkeit gegen fremde Satzungen voraussetzen, in der ursprünglichen, vom Sturme der Zeiten unberührten Form zu erhalten. Ja, man wird bei näherer Vergleichung jüdischer und samaritan. Gesetzes-Pflege und- Treue wieder zustimmen müssen dem Urteile: „was sich bei ihnen (Sam.) von wahrer Religiosität vorfand, hielt sich immer innerhalb des Gebietes der Gottesfurcht, und war blosse Steigerung heidnischer Frömmigkeit. Eben daraus erklärt sich auch der Wankelmut der Samaritaner, ihr Unvermögen, für ihre Religion zu leiden, ihre Neigung zu allem, was nach Aufklärung schmeckte, so dass jede ungläubige Richtung, die bei den Juden aufkam, sogleich bei ihnen Anklang fand." (Worte Hengstenbergs, Authentie des Pent. I, S. 20).

II.
Munagga[23]) ibn Zadakah ibn Ghurub und seine Schriften.

Die erste Frucht der durch Baba Raba hervorgerufenen und wiederbelebten samaritanischen Gesetzespflege

---

[23]) So ist nach Weijers, Orient. II S. 181, ff. der Name (منجّا) zu vokalisieren u. auszusprechen, nicht Manga wie Juynboll, Geiger u. nach ihm alle anderen den Namen uns. Verfassers lesen.

scheint der Pentateuchkommentar des bekannten Liturgiendichters Markah, der um das vierte Jahrhundert gelebt haben soll,[24] zu sein, (Nutt. a. a. O. S. 151, Anm. 1). Unter den uns wenigstens dem Titel nach bekannten Werken dürfte sich vielleicht zeitlich wie inhaltlich eine poetische Darstellung der Gesetze (שירת המצוות) des ibn Muneir (? Manir?), (S. S. 83), ebenfalls samarit.-hebräisch abgefasst, anschliessen. Doch die eigentliche Blüthe samaritanischer Gelehrsamkeit, soweit sie dem Pentateuch gewidmet war, fällt in die Zeit der fruchtbaren, jüdisch-arabischen Litteratur, welche, durch Saadiah angebahnt, von Rabbaniten wie Karäern eifrig fortgesetzt wurde. Den drei auf Saadia's Tod folgenden Jahrhunderten gehören eine grössere Anzahl samarit.-arabischer Pentateuchkommentare an. Hierher gehört der 1033 verfasste, von Neubauer edierte Kommentar des Abu 'l Chasan (journ. Asiat. 1873,1 pg. 531 ff.). Andere liegen noch in den Bibliotheken zu Oxford, London, Berlin Petersburg verborgen (S. Nutt. S. 134 und ff., u. S. 158, III), von einer grösseren Anzahl aber sind uns nur noch die Titel erhalten geblieben. Unter den Gesetzescodifikatiationen jener Zeit ist auch das ausführliche, um 1050 vollendete Kitâb-ul-Käfi des Muhadhdhib-ed-din Jusuf ben Salamah zu nennen, welches fast vollständig im Britischen Museum,[25] in sehr fragmentarischem Zustande in Halle sich befindet.[26] — Etwa ein Jahrhundert später lebte der bedeutende und fruchtbare Schriftsteller, Abu 'l Farag Munagga ibn Zadakah.[27] Seine Familie ist eine

---

[24] Heidenheim, Vierteljahrschrift für deutsch- u. engl.-theolog. Forschung u. Kritik, II S. 96 ff.

[25] cf. catalog. codd. oriental. musei Britannici, 1871 pg. II.

[26] Samaritanische Handschriften der deutsch. mrgld. Ges. No. 2. Die Vermutung des Katalogisten, dass dieses Fragment mit der Paris. Hdschr. No. 10, 2 (vgl. über diese Ztschr. d. D. M. G. XX 538) identisch sei, ist hinfällig, da der Wortlaut und die Reihenfolge der Kapitel-Ueberschriften deutlich die Identität mit dem Londoner Mscr. beweist.

[27] Bisher durch Ibrahim unter dem Namen M. ibn-esch-schâ'ir

— XIX —

der angesehensten seines Volkes. Denn sein Vater ist der bekannte, oft citierte Dichter Zadakah (S. Anm. 21). Sein Sohn, ebenfalls Zadakah genannt, aus Damaskus, war Arzt beim Sultan Malik'ul Aschraf, Verfasser eines Pentateuchkommentars, eines Kommentars zu dem Werke des Hippokrates (شرح فصول بقراط), einer ebenfalls medizinischen Schrift „über Seele und Geist", ([28] كتاب فى النفس والروح) einer dogmatischen Schrift „über das Einheitsbekenntnis[29]) genannt der Schatz betreffs des Heiles" (مقالة فى التوحيد) وسمها الكنز فى الفوز, Hagi chalfa II, 463, IV 438, V, 165, 257) und einer anderen dogmatischen Schrift, die wahrscheinlich mit der Schrift „über den Glauben" (كتاب الاعتقاد) zusammenfällt (vgl. Nutt, pg. 142, Anm. 2). Auch Munaggas Aufenthalt scheint Damaskus gewesen zu sein, wie dies eine Stelle der uns vorgelegenen Handschrift, (S. 27) wo er über den Meridian von Dam. und Nablus spricht, sowie der Beiname seines Sohnes (الدمشقى) wahrscheinlich macht. M. steht durchaus auf dem Standpunkt seiner gelehrten Zeitgenossen, bekundet oft medizinische, astronomische und philosophisch-dogmatische Kenntnisse, und ist mehr mit der karäischen wie mit der rabbinischen Litteratur seiner Zeit vertraut, wie dies teils aus vielen anonymen Citaten, teils aus den

---

(Sohn des Dichters) bekannt, vgl. Drabkin a. a. O. Doch hat M. vor dem Uebersetzer Abu Said gelebt, dessen Zeit bedeutend später ist als die von Juynboll, Orientalia II, S. 120 angegebene, da das von ihm herrührende Fatwah (am Schlusse dies. Handschr.) vom Jahre 629 d. Hd. datiert, falls nicht 2 Verfasser desselben Namens anzunehmen sind. Die Stelle, in der M. citiert wird, lautet:

وحسب رائض الاجماع ومشائع الامة... مثل الشيخ ابو الحسن
الصورى ومن يجرى مجراه اعتماده على ابن الشاعر الخ ,

[28]) Aehnlichen Inhalts ist auch das Einschiebsel von demselben in dem Abschnitt über den Fleischgenuss, vgl. Drabkin, a. a. O. l.

[29]) Vielleicht identisch mit dem letzten Abschnitt unserer Hdschr. „فى توحيد"

Widerlegungen der Ansichten Saadiah's, Anans und Kirkissanis, von denen erstere in unserer Hdschr. häufiger sind, erhellt. Doch lassen manche missverstandenen Erklärungen Saadiah's vermuten, dass er dieselben nur aus Citaten kar. Autoren kennen lernte. (vgl. cp. XV, Anm. 5 u. Einl. II, cp. X). Wie geachtet M. und s. Gelehrsamkeit unter seinem Volke gewesen sein muss, ersieht man aus dem Umstande, dass Spätere häufiger auf seine Schriften zurückgreifen. So führt der bekannte Gelehrte Nafis-ed-din (vgl. D. M. G. XXII, 532) in der Paris. Handschr. (No. 10,2 S. 438) die Ansicht M.'s über die Zeit des Gebetes an. Ein Enkel des ersteren citiert ihn in seinem كتاب التنويه (S. Juynb. a. a. O. 59 No. 10), Abu Said in dem erwähnten Fatwah, ganz besonders aber Ibrahim, der Schrift-Kommentator. Dieser verweist auf ihn bei der Besprechung des Arbeitsverbotes an Festtagen, (S. S. 24) citiert nicht nur eine Stelle aus dessen Abschnitt über das Kochen von Fleisch in Milch (D. M. G. XX 552 ff.), sondern nimmt ihn sogar vollständig und wörtlich in seinen Kommentar auf. Ganz merkwürdig für die Autorität Munagga's ist es, dass Ibrahim zu Exod. 12,2 eine weitläufig ausgeführte Erörterung aus dem Abschnitt über das Passah, (über die Zeitrechnung) welche 16 Quartseiten unserer Schrift umfasst, unverkürzt und unverändert wiedergiebt,[30]) ohne auch nur den Namen M.'s zu nennen. Munagga's Name muss daher bei den Samarit. ein recht klangvoller und viel gefeierter gewesen sein.— Als Schriften M's werden überliefert:

1) drei der Ausführlichkeit nach verschiedene Pentateuchkommentare (Juynboll a. a. O.), auf welche sich M. an mehreren Stellen unserer Schrift zu beziehen scheint[31]).

2) Nach dem Zeugnisse des Glossators zu

---

[30]) Woraus Geiger, D. M. G. XX Excerpte mitteilte (S. cp. IV, Anm. 10) vgl. cp. IV Anm. 3 u. cp. I Anm. 16.
[31]) (S. S. 35, S. 43, S. 48, Anm. 2, Hdschr. pg. 85 bei der Besprechung des Aufsatzes; ib. pg. 74 über die Bedeutung von

dem كتاب شرح الفائدة, (Königl. Bibliothek zu Berlin, mscr. orient. IV 563) welches ein höchst ausführlicher Kommentar des Ibrahim ibn Kibâz [31]) (قياص) zu Deuter. 32,3 u. 4, geschrieben a. 956 d. Hdschr., ist, hat M. einen Kommentar zu Deuteron. 10, 12 ff. (שרח עתה ישראל) verfasst, welcher laut dem Verzeichnisse der kleinen, meist bekannten Bibliothek (25 Werke) des Glossators dieser Schrift, das auf dem Vorblatte der Hdschr. sich befindet, ein von den vorangehenden Kommentaren M.'s gesonderter gewesen sein muss[32]).

3) Die am meisten verbreitete Schrift Munagga's ist eine polemische Schrift, in der die Spitze der oft mit Leidenschaft geführten Angriffe weniger gegen Anan und seine Anhänger, als besonders gegen **Saadiah**, die beliebteste Zielscheibe für karäische wie samaritanische Geschosse, gerichtet ist. Dieselbe, betitelt: „**Die Untersuchungen und Streitfragen zwischen den beiden Sekten der Juden und den Samaritanern**" (كتاب البحوث ومسائل الخلاف فيما بين ملتى اليهود وبين السامرة), zerfiel in 2 Teile; doch ist leider nur der zweite Teil (153 Quartblätter enthaltend) in der uns vorliegenden Handschr. (mscr. orient. der Königl. Bibliothek zu Berlin No. 523) erhalten.[33])

מים חיים, was von ihm wohl übereinstimmend mit Karäern und Abu Said auf Süsswasser bezogen wird.

[31]) Ueber diesen Schriftsteller vgl. D. M. G. XXII S. 531 u. Anm. 1 ib. Ausdrücklich wird dies bisher unbekannte Werkchen von Ibrahim a. d. Stamme Jakub zu Num. 11,16 citiert.

[32]) Werke über kleinere Abschnitte des Pentateuch's sind bei Samarit. nicht selten. So verfasste Nafis ed-din eine Erklärung zu ואם בחקותי, nicht zu dem ganzen Pentateuch (D. M. G. XXII 532), Abu 'l Barakât zu den Zehngeboten, (Juynb. a a. O. 60 Anm. 3), ein anderer über בלעם, ein anderer über קרח (nach dem obigen Verzeichnis).

[33]) Auf dem Vorbl. des Mscr heisst es: وهذا كتاب الجزو الثانى من كتاب البحوث ومسائل الخلاف فيما بين ملتى اليهود وبين السامرة املاه الشيخ الجليل الفاضل ابو الفرج

— XXII —

Diese ist eine Kopie, welche — unter der Aufsicht Petermanns, zugleich mit einer Abschrift eines Kommentars von Markah — „Sontag, den 14. Tamus (April) russ. Kal. (den 26. osteurop. Kal.) im Jahre 1868, der auf den 7. Rebi' 1285 d. Hdschr. fiel, in Nablus" vollendet wurde.[34])

Dieser zweite Teil der Streitschrift enthält nun folgendes:[35])

Cp. I. فصل فى العقد واحكامه „Abschnitt über das Ehebündnis" (pg. 2b-6a), behandelt die Rechte des Ehemannes, die Veranlassung zur Scheidung, die Morgengabe, und zwar in einer von den rabbinischen Bestimmungen meist abweichenden Weise. (vgl. Petermann in Herzogs Encyklopädie, 1860, tm. 13, S. 384 und dessen „Reise im Orient" 247 ff.)

مناجا ابن صدقه ابن غروب وهو شمس الحكماء قدس الله روحه ونور ضريحه. Dagegen ist in dem genannten Bücher-Verzeichnis nur der 1. Teil angeführt.

[34]) Am Schlusse des Mscr.: فى عصرية نهار الاحد المبارك فى 14 تموز شرقى وسنة وعشرين حساب غربى من شهور سنة الثمانية وستين وثمنمائة والف مسيحية الموافق ذلك الى سبعة ايام من شهر ربيع الثامن من شهور سنة الخمسة وثمانين ومائتين والف عربية جعل الله ختامها خير على جميع عباده امين امين

[35]) Die uns bekannten Citate Ibrahims gehören diesem Teile an. 6 kleinere Bruchstücke dieses zweiten Teiles befinden sich in der Königl. Biblioth. zu Breslau, collectio Habicht II, 56, jedoch mit einigen Variationen von unserem Texte und sind von Drabkin ediert worden. Die Kapitel, welche im folgenden ausführlicher mitgeteilt und bearbeitet werden, sollen hier nur durch die kurzgef. Uebersetzung der Ueberschriften angedeutet werden. Die letzteren sind zusammengestellt auf den beiden ersten Seiten, ausserdem noch einmal vor jedem Abschnitte, doch oft mit einiger Verschiedenheit im Wortlaut und in der Reihenfolge. In diesem Falle ist hier die vor jedem Abschnitt befindliche Ueberschrift bevorzugt. S. auch S. 43 Anm. 1.

Cp. II. فصل فى الشهادة من تقبل شهادته ومن لا تقبل
Cp. III. ,, ,, تكميل الشهادة

II. „Ueber die Personen, welche zur Zeugenaussage zuzulassen sind" und III. „Abschnitt über das Aufsichnehmen eines Zeugnisses" (pg. 6a-17a). Ersterer schliesst Unfähige, Unwürdige und Verwandte von dem Ablegen eines Zeugnisses aus, und lässt nur in ausschliesslichen Frauenangelegenheiten das Zeugnis von Frauen zu. Der zweite, viel umfagreichere Abschnitt, handelt von den Vorbedingungen für die Zeugenaussage, von den Bedingungen, unter welchen man sich auf ein verbreitetes Gerücht (بالاستفاضة) verlassen darf, besonders ausführlich über die Zeugenschaft, Einwilligung der mündigen Jungfrau oder ihrer Verwandten (ولى) und sonstige Bedingungen des Ehebündnisses und der Ehescheidung. Beide Abschnitte enthalten sowohl in der Darstellung als auch ihrem Inhalte nach fast nichts Polemisches oder speciell Samaritanisches.

Cp. IV. „Ueber das Passah" (S. S. 1 ff.)
Cp. V. „Ueber den Sabbath" (S. S. 12 ff.)
Cp. VI. Ueber „Abend" und „zwischen den Abenden" (S. S. 25 ff.)
Cp. VII. فصل الكلام فيما يتعلق بفصل וספרתם Abschnitt über die Stelle: „Und ihr sollt zählen," (Lev. 23, 15), enthält eine Widerlegung der rabbinischen Ansicht, dass שבה hier Festtag bedeute, und der karäischen, wonach auch, wenn das Passah (der 15. Nissan) auf Sonntag fällt, schon dieser Tag in die Zählung mit aufgenommen werde, damit nicht der Omertag ausserhalb des Mazzothfestes falle. Zu dieser Erklärung seien die Karäer allerdings durch die für sie bindende Stelle in Josua genöthigt. (Vgl. D. M. G. XX, S. 543). Am Schlusse wird חמימות (Lev. ib.) fast im Sinne der Rabbinnen erklärt. (vgl. Men. 66a)

VIII. Ueber Frauenunreinheiten. (S. S. 30 ff.)
Cp. IX. فصل الكلام فيما يتعلق بجلود الحيوان النجس وانها

لا تنطهم بالدباغ „Abschnitt über die Lehre von den Fellen unreiner Tiere, die selbst durch Gerben nicht rein werden", (pg. 67b—69a) eine Widerlegung der rabbin. Ansicht, dass Felle durch Gerben rein werden. Die von den Juden entgegengehaltene Stelle in Numeri 31, 20, wo von כלי עור, Geräten aus Fellen nicht geschlachteter, also unreiner Tiere, die Rede ist, wird dahin erklärt, dass auch hier nur Tiere, die lebendig den Heiden entrissen wurden, gemeint sind. (Vgl. D. M. G. XVI, pg. 717 ff., jüd. Zeitschr. II 21 ff., Hechaluz V, 18).

Cp. X. فصل فى اثبات حكم المواصلة „Abschnitt zur Feststellung des Gesetzes von der Uebertragung"; (pg. 69a—75b) wo gegen die Juden hervorgehoben wird, dass die mit der Unreinheit behafteten Gegenstände diese stets auf andere, sie berührende Dinge, letztere wieder auf die sie berührenden Dinge übertragen, und diese Ueberleitung der Unreinheit bis ins Unendliche fortgeht, wenn dies nicht durch das Dazwischentreten eines verunreinigungsunfähigen Gegenstandes verhindert wird. Hierbei beruft sich M. auf Num. 19, 22. Auch die rabbinische Unterscheidung zwischen „Decke" und „Unterlage" des Flusssüchtigen, (S. Niddah 33a) wie die Behauptung des Fajumiten (Saadiah), dass die mit Oel verklebten Geräte verunreinigungsunfähig sind, (?? S. dagegen Kelim III, 5) wird widerlegt. Besonders aber gegen die Rabb. Numeri 19, 15 erklärt, dass nach diesem Satz überhaupt nicht oder nur schwer transportable Gegenstände keine Unreinheit annehmen [36]; ferner sei auch der Träger des שרץ unrein, und die Reinigung stets durch Süsswasser (מים חיים) vorzunehmen. Ueber den Schluss dieses Abschn. s. S. 45 ff.

Cp. XI. فصل الكلام فيما يتعلق باحكام הצרעת بكلام وجيز „Abschn. über die Aussatz-Gesetze in kurzer Weise".

---

[36] Auch Abu Said, (Berl. Cod. Petermannsche Hdschr I. No. 3) übers. צמיד פתיל mit مسدود وممتم »verstopft u. festgenagelt,« und ähnlich wie M. äussert sich Ibrahim z. St.

(pag 75b - 90a.) Dieser behandelt nach vorangeschickter
Einleitung über Entstehung des Aussatzes die verschiedenen
Arten desselben in der durch die Schrift gegebenen Reihen-
Folge. Nur am Ende polemisiert M. gegen die Juden,
welche — schon Targ. Jonath. — in Lev. 14, 7 unter ושלח
ein gewaltsames Fortschicken des Vogels verstehen. Daran
reiht sich eine ausführliche „Glosse zur Schrift" desselben
Inhaltes. (S. S. 19 Anm. 11). Da der Aussatz bei den
Samarit. häufig war, (vgl. Robins. Pal. III, 335; Peterm. Reis. i.
Orient 269) wurde er auch öfters besprochen, so auch von
Abu-l-Chasan (Uri,catal.) und im 10. Kapit. des Kitâb-ul-Kâfi.

Cp. XII „Über die Erbgesetze" (S. S. 39 ff.)

Cp. XIII. فصل فى الكلام بتحسىن جبر التصبى على
بعض الفرائض دون بعض وما لا يتحسن جبره عليه وبقيتة
الى كمال اذابه وامتثاله الى الالهية ولا حكم له الا ان يتوجه
الخـطاب فيه الى الولى وجبر التصبى عليه (?) بكلام
وجيز ' „Abschnitt über die Pflicht, Kinder zur
Verrichtung einiger Gebote zu zwingen, bei
andern es zu unterlassen. Sie müssen ausge-
bildet und für das Göttliche herangezogen werden.
Doch richtet sich der Befehl der Schrift nicht
an sie, sondern nur an den Vorgesetzten, und die
Kinder müssen dazu gezwungen werden; in kür-
zester Form." (pg. 99b—105b.) M. fordert, dass man
Kinder, auch wenn sie noch nicht das würdige Verständnis
(اهلية) haben, zu der Befolgung der Gesetze, besonders der
Sabbath- und Fastengesetze (S. S. XXVII) erziehen müsse,
dagegen sind sie vom Zeugnis bei Ehebündnissen auszu-
schliessen. Daran knüpft sich eine philosophierende Betrachtung über die Verteilung des Verstandes nach verschiedenen Klassen bei Engeln, Propheten u. s. w.

Cp. XIV. Ueber das Haarscheeren (s. S. 43 ff.).

Cp. XV. Ueber den Fleischgenuss[37]) (s S. 46 ff).

---

[37]) Soweit die folgenden Abschnitte, besonders cp. XVI, XVII

Cp. XVI. فصل فيما يتعلق بتحريم الدم فرضان
„Ueber das Blutverbot, 2 Vorschriften" (über das
Lebensblut und das nach diesem abfliessende Blut) (pg.
116b - 116b) Dieser Abschnitt ist bis auf die erste Zeile
im 2. von Drabkin edierten Fragment enthalten. Unmittelbar
hieran schliesst sich Cp.XVII فصل فى بيان امر الروح والنروح
„Abschnitt über Geist und Seele". (pg. 117a — 126a)
Zu Beginn eine medizinische Auseinandersetzung über den
Zusammenhang zwischen Blut und Leben ähnlich dem cp.
XV befindlichen Exkurs des Zadakah (s. Drabk. Fragm. I).
Darauf lehrt M. dass, während das nach dem Schlachten
herausfliessende Blut nur auf die Erde zu giessen sei nach
Deut. 12,17, müsse jedes Lebensblut (auch beim Vieh)
mit Erde bedeckt werden. (S. cp. XVI).

Cp. XVIII „Ueber castrierte Tiere." (S. Ende
dies. Buches).

Cp. XIX فصل الكلام[38]) فيما يتعلق بذكر הנבילה והטריפה
„Abschnitt über das Aas und das Zerrissene."
Eine spöttische Widerlegung der Erklärung Saadiahs über
טריפה, besonders der Beziehung dieses Verbotes auf Tiere
mit verwachsenen Lungenflügeln. (S. oben S. XII).

Cp. XX. فصل الكلام لما تعلق بحرامة ما نهى الله عنه
من طبح اللحم باللبن „Abschnitt über das Verbot
Gottes, Fleisch in Milch zu kochen". (p. 130b—132b.)
Dieser von Ibrahim unverkürzt aufgenommene und von
Drabkin (fragm. IV) teilweise herausgegebene Abschnitt
sucht vorzüglich den Karäern gegenüber die Allgemeinheit
dieses seinem Inhalte nach genügend besprochenen Verbotes
darzuthun, mit besonderem Hinweis auf den bekannten
sam. Zusatz כי עשה זאת כזכח שכח ועברה היא לא' יעקב.

---

u. XX, zu den in diesem Kap. behandelten 9 Bedingungen gehören
und einer besonderen Erwähnung bedurften, sind sie von mir in
diesem Abschnitt (S. 46 ff.) näher besprochen.

[38]) Von Appel (de rebus Samarit. sub imperio Romanorum peractis, 1874) sowie von Drabkin fälschlich كل امر gelesen und daher nicht verstanden worden.

Cp. XXI. فصل الكلام فيما يتعلق بذكر تحريم
الاجزاء السنة من كل قربان ومن ذبيح החלים והו (?)
ذبيح השעירים والرد على من يزعم ان الذبيح فى البلاد
الطميئة بضاهى הנבילה لنجاسة الذابح فلا يحل على
زعمهم احراق شحومها كالذى يذبح فى المدن الطاهرة
„Abschnitt über das Verbot der 6 Fetteile bei
jedem Opfer und beim Schlachten der Widder
und der Böcke und Widerlegung dessen, der behauptet, dass das in unreinen Gegenden Ge-
schlachtete dem Aase gleicht wegen der Unreinheit des Schlachtenden, weshalb es auch nicht
erlaubt wäre, nach ihnen, ihre Fetteile ebenso zu
verbrennen wie die, welche geschlachtet werden
in reinen Gegenden." (pg. 133a—139a). Dieser
gegen Saadiah gerichtete Abschnitt sucht darzuthun, dass
auch das Schweiffett verbrannt werden müsse, und ist
durch das 5. Fragment der Bresl. Hdschr. genügend
bekannt und oft besprochen (vgl. Drabkin, Noten zu
Fragm. V).

Cp. XXII. שור ושה فصل الكلام فيما يتعلق بقوله تعالى
אותו ואת בנו לא תשחטו ביום אחד. „Abschnitt über das
Verbot, die Mutter und das Junge eines Rindes oder
Lammes nicht an einem Tage zu schlachten".
(pg. 138b - 145b). In dieser mit besonderer Schärfe,
nicht ohne Geist und System durchgeführten Widerlegung
Saadiah's, der behauptet, dass dieses Verbot nur auf ein
bereits zur Welt gebrachtes Junge, nicht aber auf ein träch-
tiges Tier zu beziehen sei, sucht M. die rabbinische Halachah
in absurdum zu führen, indem er strenge Konsequenz in
der Selbstständigkeit oder Unselbstständigkeit eines Fötus bezüglich des Schlachtens, des Blut- und Fett-Verbotes, der
Verunreinigung und Schädigung verlangt, sei es, dass das
Fötus 1) nach dem Schlachten 2) nach dem Tode der
Mutter lebend herauskommt, sei es, dass es 3) tot als
Missgeburt nach völliger Entwicklung, 4) zuerst lebendig,

dann tot von der lebenden Mutter getrennt ist. — Beiläufig sei hier bemerkt, dass Ibrahim zu Exod. 21,23 ebenfalls die Selbstständigkeit des Fötus hervorhebt; zur Sache vgl. Ztschr. d. D. M. G. XII, S. 139, sowie das sechste von Drabkin edierte Fragment nebst Noten. Ueber dasselbe Thema schrieb Abu-l-Chasan (cat. cod. orient. biblioth. bodlej. II pg. 3, pg. 10 des Mscr. „disceptatio contra Judaeos de immolatione matris eiusque foetus.") —

Cp. XXIII. فصل يتضمن كلام فى التوحيد تحتتم بها هذا الكتاب, „Schlusskapitel, welches einen Abschnitt über das Bekenntnis der Einheit Gottes enthält," (pg. 145b—205b). Dieses vielleicht Munaggas Sohn angehörige Kapitel (S. oben) hat wie alle mit diesem Titel versehenen Abhandlungen die Ausführung monotheistischer Grundbegriffe, dass Gott erst die Welt geschaffen, nichts Körperliches habe, u. s. w., und zwar an der Hand pentateuchischer Belege, zum Thema. Den Juden wird dagegen anthropomorphistische Auffassung der Schrift vorgeworfen.

Am Schlusse des Werkes befindet sich eine am fünfzehnten Scha'ban 659 d. Hdschr. von Zadakah ibn Jusuph aus Nablus gestellte Anfrage, ob Kranke und Kinder am Versöhnungstage vom Fasten zu befreien seien, (فى تفطير المرضى والاطفال فى يوم الصوم) die jedoch verneinend entschieden wird. Unterzeichnet ist dieses Fatwah von (dem Uebersetzer?) Abu Said bnu Abu-l-Chasin bnu Abu Said. (S. oben Anm. 27). Die auf die Unterschrift folgende Fortsetzung der Erörterung schliesst damit, dass jeder der sich dieser Entscheidung nicht füge, aus der Gemeinde zu stossen sei. — Ueber diesen Gegenstand schrieb auch Abu l-Chasan aus Tyrus. (cat. a. a. O. pg. 4, pg. 69 d. Msc. „disceptatio contra Judaeos, qui infantem ad jejunium agendum die expiationis non cogebant.")

— XXIX —

Aus dem Inhalt dieses Teiles lässt sich zum Teil vermuten, welche Abschnitte in dem ersten uns bisher unbekannten Teile behandelt worden sein müssen; so wohl zweifellos Differenzen bezüglich des erwählten Ortes, des Kanons, der Beschneidung, namentlich ihrer bei Sam. unveränderlichen Zeit, der Ehegesetze, (Leviratsehe), wahrscheinlich auch hinsichtlich der Priesterrechte, der Schaufäden, Phylakterien u. dgl. — So weit es der Charakter unserer Schrift erkennen lässt, zeigt Munagga hierin selbstverständlich eine grössere Vertrautheit mit der Litteratur seiner Gegner und zwar mehr mit der karäischen als rabbinischen. Von Schriftstellern seines Volkes citiert M., so weit es aus diesem 2. Teil hervorgeht, namentlich nur ibn Muneir, wenn nicht auch die Stelle ein Zusatz ist, (S. S. 44 Anm.) häufiger dagegen Stellen von älteren Glossatoren. (S. S. 19, Anm. 11). Die Sprache ist eine äusserst gereizte, und oft muss Hohn und Schmähung manche Lücke in M.'s Wissen und Können ausfüllen. So lässt er sich in seinem Uebereifer zu der Behauptung hinreissen: „Alle Erklärungen der Juden sind wider das Gesetz und angethan, seine Bestimmungen aufzuheben, alle Erklärungen unserer Vorfahren aber sind für das Gesetz und angethan, seine Bestimmungen zu festigen."[39]) Störend sind besonders die zahlreichen, oft seitenlangen Wiederholungen und Abschweifungen vom Thema, so dass der Verfasser sich selbst oft zur Rückkehr zu demselben ermahnen muss.[40]) — An Tendenz steht unter den uns bekannten Schriften das كتاب الطباخ der unsrigen am nächsten, welches von dem M. auch zeitlich nahestehenden Abu'l Chasan aus Tyrus verfasst ist; (vgl. Nicoll u. Pusey, catal. cod. orient. biblioth. Bodlej II, pg. 3 u 4 u. Journal Asiat XIV, S. 468) doch

---

[39]) pg. 72b d Hdschr. وكل تناويل أبيهود فعلى الشرع ولاسقاط احكامه وكل تناويل سلفنا فللشرع ولتنابييد احكامد

[40]) So z. B. pg. 105b mit den Worten: وقد خرجنا عن غرضنا ... فلنعد الى البه

steht es ihr an Vollständigkeit weit nach. Das sachlich verwandte, ebenfalls ausführlichere Kitâb'ul Kâfi dagegen ist mehr objektiv und lässt sich, soweit die mir vorgelegene Hallesche Hdschr. ersehen lässt, nur einmal, gelegentlich der Beschneidungszeit (im باب المواضع), zu einer Polemik gegen Juden[41] herbei. — Was den Text unserer Handschrift betrifft, so ist zunächst über die Unregelmässigkeiten der Sprache auf Juynboll (lib. Jos. pg. 30 ff.) und Vilmar (Abulfatchi annal. Einl. pg. 108 ff.) zu verweisen. Ausserdem ist die Kopie, trotzdem sie nach der Angabe des Berl. Katal. s. unter der Aufsicht Petermanns angefertigt wurde, stellenweise incorrect. Auch lassen mehrere, in die Augen springende Vertauschungen gleich oder ähnlich klingender Buchstaben vermuten, dass die Abschrift stellenweise nach einem Diktate, also nach dem Ohre, nicht mit dem Auge des Abschreibers angefertigt wurde.[42] Als Korrektiv können insbesondere die beiden grösseren Citate im Ibrahim (16 + 5 Quarts.), sowie die etwa 9 Quarts. enthaltenden 6 Fragmente der Bresl. Hdschr. von denen jedoch das 5. (1½ Quarts.) mit dem 2. Citat Ibrahims zusammenfällt, gelten. Doch ist aus einigen Abweichungen, die nicht nur in zahlreichen Versetzungen der diakritischen Punkte, sondern auch in der Wahl verschiedener Worte, kleinerer Hinzusetzungen resp. Verkürzungen bestehen, zur Genüge ersichtlich, dass denselben ein von dem unsrigen etwas abweichendes Original zu Grunde lag. — Turcismen der Kopie, (wie ة für ت, und der Acc. fem. ا für ة) sind bei der Wiedergabe, vermieden. Bei der Auswahl der Excerpte war ich besonders bestrebt, mich vor Wiederholungen bekannter und richtig erkannter Themata zu

---

[41] Ein Citat aus diesen polemischen Stellen S. weiter S. 18 Anm. 9.

[42] So pg. 25. مقصوص statt مقصود, pg. 70 وصائدنا st. وسائط, ferner أزهر st. أظهر u. دروزة st. ضرورة

hüten. Aber auch bei dem Uebrigen war mir die Sache Hauptsache, die Darstellung Munaggas gleichgültiger, weshalb ich seine Polemik sowie seine klügelnden Raisonnements oft unberücksichtigt liess, den weitschweifigen, an Synonymen überreichen Text verkürzte, was jedoch meist auch äusserlich angedeutet ist. — Um diese Schrift auch für den des Arab. Unkundigen zugänglich zu machen, wurde alles möglichst wörtlich ins Deutsche übertragen und zum Zwecke einer besseren Uebersicht alles Arabische, so oft es anging, von dem deutschen Texte gesondert. —

Schliesslich sei mir hier noch gestattet, der liberalen Verwaltung der Königl. Bibliothek zu Berlin, deren Mscr. ich für diese Arbeit in grösserer Zahl benutzen durfte, meinen verbindlichsten Dank auszusprechen. —

Ausführliche Mitteilungen aus Munaggas Streitschrift,

Teil II.

فصل فى الكلام فى فريضة الفسح

Abschnitt über die Lehre vom Passahopfer.
Pg. 17a–31a.

Kapitel IV.

Als ersten Streitpunkt führt hier M. auf, dass nach der Ansicht der Samaritaner die Verpflichtung zum Passahfeste sich auf männliche, wie weibliche, erwachsene, wie nicht erwachsene Personen erstrecke,ª) wenn auch die Plage der Erstgeborenen nur erstere betraf. — Der Angriff gilt vorzugsweise der karäischen Auffassung, nach welcher das Passah mit Ausnahme des ersten in Aegypten dargebrachten Opfers nur von erwachsenen Männern verzehrt werden durfte (פסח דורות היה נאכל לאנשים הבוגרים Ader. El., פסח ע׳ IX und ähnlich Mibchar zu Exod. 12,3), während die Rabbinen nach Pes. 91 a und b auch Frauen zur Theilnahme verpflichten. Dass die Samaritaner aber gegen alle Tradition auch unmündige Kinder hinzuziehen, beruht auf ihren masslos vorsichtigen und deshalb erschwerenden allgemeinen Auslegungen, wie es M. hier selbst ausspricht: „Wir folgen der möglichst allgemeinen Erklärungsweise, um vorsichtig und sicher zu sein."¹) ᵇ).

---

¹) Vgl. Einl. Anm. 9. Besonders rigoros zeigt sich ihr Verfahren gegen Kinder am Versöhnungstage, vgl. Brief a. d. Engländ. A. 1672 und besonders das am Schlusse dieses Mscr. befindliche Fathwa, s. Einl.

(ª يعم ذكورا واناثا بالغا وغير بالغ
(ᵇ وذحن نتبع العموم فى التاويل ما امكن احتياطا
وتحرزا

Um so auffallender muss es erscheinen, wenn M. fortfährt: „Die Juden unterscheiden sich von uns auch darin, dass sie beim Passah ebenso wie beim Friedensopfer einen gesalbten (?) Priester, einen Altar und zwar an der von Gott erwählten Stätte für nötig erachten." ᵃ) Letzteres sucht er zwar ausführlich zu begründen, da Levit. 17,3 sich nicht auf das Passah beziehe, dieses vielmehr dem vor dem Auszuge dargebrachten Opfer, für welches jene drei Bestimmungen nicht galten, völlig gleichstehe. Und in der That finden sich auch sonst ausschliesslich bei Samaritanern Uebertragungen von dem ägyptischen Passah auf das spätere, so die Pflicht, das letztere ebenso wie ersteres in reisefertigem Zustande zu geniessen. (Not. et extraits II. pg. 120). Gleichwohl ist ohne Zweifel diese gegen den Wortsinn des Bibeltextes Deut. 16,5 wie gegen die rezipirte Halachah — bei Rabbaniten (Sebach. V, 8) und Karäern (Ader. a. a. O. XI und VII) — verstossende Auffassung ein sehr spätes Produkt und dürfte in der Geschichte der Samaritaner, welche oft durch die sie beherrschenden Völker gewaltsam vom Gerisim fern gehalten wurden, ihren Grund haben, so dass M. oder auch seine Zeitgenossen die durch die Not gebotene Ausnahme zur Norm stempelten, welche übrigens den späteren samaritanischen Berichten zufolge bald aufgegeben wurde²).

Ungleich wichtiger und wesentlicher als diese örtliche Bestimmung ist die folgende, in Ibrahims Pentateuchcommentar grösstenteils wörtlich aufgenommene³) Auseinandersetzung über die Zeit des Passahopfers und die

---

²) Das oft alt-samarit. Auffassungen vertretende Buch d. Jubil. verlangt sogar, — zugleich mit den Karäern — man müsse das Passah im Vorhofe des Heiligtums verzehren. (Jahrb. der bibl. Wiss. III S. 69).

³) Vgl. Einleitung Abschn. II.

ᵃ) ومن الخلاف بيننا وبين اليهود انهم يعتقدون صورة الوجوب على صورة زبح السلمين بكهن مشيح ومذبح ومقوم مبحر.

damit verbundene Berechnung des samaritanischen Kalenders. „Der Monat, — bemerkt M. — in welchem das Passah gefeiert wird, ist der mit dem Sonnenmonat verbundene Mondmonat. Jener ist nämlich der durch die Bewegung der Sonne bestimmte Nissan (April). Beide Monate werden verwertet, so wie bei der Erkenntnis des ersten Monatsanfangs der durch die Rechnung und der durch die Thorah gefundene Tag in Anwendung kommt.⁴) Auch hat die Schrift beide Monate zwiefach von einander getrennt, sowohl durch den der Thora als auch den der Volkssprüche eigentümlichen Ausdruck. Ersterer ist חדש הראישון, letzterer ח' האביב. — Nicht jeder Mondmonat aber kann ח' הראישון sein, dies bezieht sich vielmehr nur auf die mit dem Nissan in der bekannten Weise verbundenen Mondmonate.⁵)" ᵃ) Nachdem nun die karäische Auffassung, dass für den Jahresbeginn nur der Reifemonat ח' אביב massgebend wäre, sowie die rabbinische, wonach der Reifemonat schon zugleich mit dem ersten Mondmonat beginne, daher vollständig zusammenfallen, und zu diesem Zwecke öfters ein Monat eingeschaltet werden müsse,⁶) widerlegt worden sind, heisst

---

⁴) Vgl. S. 6.

⁵) Aehnlich heisst es in der von Neubauer edirten Chronik (Journ. Asiatique 1869, 2, pg. 390) ואין באחד לבדו נעשה מאומה כי, לו חשבנו באחד מחם לא השיגנו החדש האביב אשר הוא ניסן, vgl. auch Meschalmah's Schreiben, Vierteljahrschr. I, S. 92.

⁶) Offenbar hat M. den festen Kalender Hillels (S. Ende dieses Abschnittes) nur vor Augen.

ᵃ) والشهر الذى يعمل فيه . . . . هو الشهر القمرى المضمن بالشهر الشمسى وذلك ان الشمسى هو نيسان وهو موضوع بحركة الشمس وكلى الشهرين مستعملين كما استعمل فى معرفة بداه واونه يوم حسابى ويوم شرعى وقد فرق الكتاب بين الشهرين بوجهين بالاسم الشرعى والاسم اللغوى فالاول ח' הראישון والثانى ח' האביב ولا يصح كل شهر قمرى ان يكون ח' הראישון وانما نسب ذلك فيما كان من الشهر القمرية مرتبطة بنيسان وهو الرباط المشهور

es weiter: „Unsere Genossen halten beim Beginn des Jahres am Sonnemonat Nissan fest, weil seine Dauer für das Eintreten der Reife stets genügt und zwar ihr Anfang nach dem Beginn desselben eintritt, und meist die Reife in ihm zur Vollendung gelangt, da אביב die Gerstenreife und die Weizenreife bedeutet. — Der Gesetzgeber hat nämlich das Gebot auf die Reife in Palästina beschränkt, welche immer zu derselben Zeit eintritt, nämlich nachdem die Sonne die Hälfte des Widders zurückgelegt hat.[6a]) — Unsere ältesten Vorfahren beobachteten den Monat Nissan und fanden, dass die Reifezeit nie ausserhalb desselben war, sondern stets unverändert innerhalb seiner ganzen Dauer währte. Wie trefflich ist daher der Glaube unserer Vorfahren, welche meinen, dass die Bestimmung des Passahopfers auch ausserhalb des Reifemonats fallen dürfe, und dass es für die Verbindung (des Sonnenjahres mit dem Mondjahre) genüge, wenn nur noch ein Tag des Mazzothfestes (wörtl. des Gottesdienstes) diesen (Reife-) Monat erreicht." a) M. hebt darauf noch einmal die ver-

---

[6a]) Auch nach den Berichten europäischer Forscher fängt in Palästina die Gerste etwa vierzehn Tage nach der Frühlingsnachtgleiche, also dem Eintritte der Sonne in den Widder, zu reifen an. (Vgl. Ideler, Handb. d. Chronologie I. pg. 487.)

(a) وتمسكوا اصحابنا فى اول سنتهم بالشهر الشمسى وهو نيسان لانه يكافى وجوده وجود אלאביב دائما فيدخل اوله على مبتدا وجوده ويتكامل، فيه אלאביב فى جنس اكثر لان אלאביב يقع على داجن الشعير وداجن الحنطة ... الشارع فيد الوجوب באביב ארץ כנען ... وانما يحدث فى وقت واحد اما اذا كانت الشمس قد نصفت الحمل ... وقد رصدوا الاولون من. السلف شهر نيسان فلم يجدوا באלאביב يخرج عنه بل هو فى جملة زمانه على صفة واحدة وما اعظم فائدة ما اعتقدت سلفنا فى اعتقادهم جواز خروج فرض الفسح عن ח' האביב ... ووقوع الاكتفاء فى الرباط بلحوق يوم واحد من ايام העבודה لهذا الشهر'

meintlichen Vorzüge der samaritanischen Jahresberechnung gegenüber der jüdischen hervor, sucht den Sabbath und das Passah als Feste des Dankes für die Schöpfung zu erklären und knüpft daran eine eingehende, ausführliche Beschreibung der Bewegungen der Sonne und des Mondes, die den Uebergang zur Bestimmung der samaritanischen Monate bildet. — „Es ist bekannt," fährt er fort, „dass die Conjunktion den ersten Abschnitt der Mondphasen gemäss unserem Gesetze bildet. Und für unsere Annahme sprechen (4) verschiedene Gründe, (die einzeln angeführt werden)." — „Die Mittagsconjunktion tritt ein, wenn Sonnen- und Mond-Mittelpunkt sich im Meridian zufällig gegenüberstehen. Letzterer ist das Ende des Ortes und der Zeit, also noch ein Teil der vergangenen Zeit, da er das Ende des Ortes, und dieser (Ort des Himmels) die Ursache der Zeit ist. Deswegen ist der Tag der Conjunktion selbst der erste des Monates. — Wenn aber der Sonnen-Mittelpunkt vor dem des Mondes (bei dem Meridian) anlangt, so ist der erste des Monats erst der folgende, nicht der gegenwärtige Tag, während noch derselbe Tag d. h. derjenige, an dessen Ende die Conjunktion stattfindet, der Monatserste ist, wenn der Mond früher dort angelangt ist. [7]) [a])

---

[7]) Anders lautet der Bericht der Sam. an die Engländer, (a 1672) wonach, auch wenn die Conjunktion zu Mittag eintritt, der Monat erst mit dem folgenden Tage beginnt: הן היה צמות (Conjunkt.) חשמש והירח בליל או ביום טרם צהרים מעט מן ששה שעות היה היום ההוא הו ראש החדש והן היה רב מן ששה שעות או ששה שעות ביום יהי ראש החדש מחרת היום ההוא (not. et extraits, XII pg. 166, übersetzt pg. 178).

[a]) وقد يعلم ان الاجتماع بان (.om?) يكون فاصلا اولا من الرويا وعلى مذهبنا لوجوه . . . وامّا الاجتماع الظهري فانه اذا اتفق موازاة مركز الشمس ومركز القمر على دائرة نصف النهار وهو اخر مكان واخر زمان وهو جزوى الزمان الماضى لانه نهاية المكان والمكان علة الزمان فهذا اذا جزو منها وينسب حادثه الى الماضى فلهذا يكون اليوم بعينه هو اول الشهر . .

Den Vorwurf der Juden, dass diese Bestimmung des Monatsanfanges Gesetze schaffe, denen die Vorbedingung (das Ereigniss der Conjunktion) noch fehle, weist er unter andern mit folgenden Worten ab: „Die Vorbedingung ist für uns die Zeit des Ereignisses (der Conjunktion), mit welcher der astronomische Tag, der sich genau nach Minuten bestimmen lässt, beginnt. Diesem Tag geht der durch die Thorah bestimmte voran. Der astronomische Tag ist nun die Vorbedingung, während der von der Thorah vorgeschriebene Tag die Bestimmung ist, welche durch diese Vorbedingung geschaffen wird. Ebenso verhält es sich bei uns mit ח' האביב und חדש הראישון da jener, die Vorbedingung, als bereits eingetroffen gilt, wenn auch nur ein Tag der Reifezeit innerhalb der sieben Tage (des Mazzothfestes) fällt, und daraufhin das Gesetz (die Festsetzung des ח' הראשון schon vorher) erfolgt. a).

Auch hier widerlegt er das Verfahren der Karäer, besonders ihre Behauptung, dass bei umwölktem Himmel die Zählung (voller Monate) massgebend sei ge-

ومتى سبق مركز الشمس وكان السبق لها عن القمر فاول الشهر هو اليوم المستانف دون اليوم الحاضر وان كان السبق للقمر كان ذلك اليوم هو الاول اعنى الذى وقع الاجتماع فى نهايته‚

a) وقد طعن بعض اليهود على مذهب الاجتماع اذا نحن اوجبناه الحكم مع عدم علنته ... ونحن نرد عليه .. ان العلة عندنا هى زمان الحادث وهو اليوم الحسابى المحقق بالدقائق والحادث فى ذلك اليوم موجود...وذلك اليوم متقدم على اليوم الشرعى (?) واليوم الحسابى هو لعلة ... واليوم الشرعى هو الحكم اللازم عن هذه العلة والامر عندنا كذلك فى حدش האביב וה' הראשון ... لان ה' האביב اذا وجد منه ولو يوم فى جملة السبعة ايام حكم بوجود العلة ثم يتبعها الحكم‚

mäss Gen. 7,24,[8]) da doch 150 Tage nicht fünf aufeinanderfolgende Mondmonate sein können [a]). Das Eingehen auf diese Stelle veranlasst ihn zu einer Deutung, die sowohl über den Kalender der Samaritaner selbst, als über ihre Auffassung seiner Geschichte zur Zeit M.'s Licht verbreitet. „Wenn nun einer einwenden wollte, wir richten nun an euch die Frage, was bedeuten jene fünf aufeinanderfolgenden vollen Monate, da sie doch weder Sonnennoch Mondmonate sind, wie ihr selbst zugestanden habt? so ist zu erwidern, dass, wenn sie auch unmöglich Mondmonate und ebenso wenig Sonnenmonate nach der seit Moses eingeführten Berechnung des Sonnenlaufes sein können, vorher aber eine solche Rechnung wohl erlaubt war, und es war nicht falsch, das Lebensalter der Leute und den allgemeinen Kalender zu jener Zeit nach Monaten zu je 30 Tagen zu berechnen, während die übrigen 5¼ Tage eines Sonnenjahres zu einem Schaltmonat vereinigt und der noch bleibende Rest ebenfalls aufgespart wurde, so dass Adam zwei Einschaltungen vornehmen musste. Nachdem aber Gott Abraham geboten hatte, aus dem Lande der Kaldäer zu ziehen, setzte er die Zeit seines Auszuges und seines Bündnisses als Aera ein, teilte die fünf Tage einigen Monaten des Jahres zu und liess das noch übrige Viertel des Tages auf den Februar übergehen, indem alle vier Jahre ein Tag eingeschaltet wurde und man beobachtete so Sonnen- und Mondmonate zugleich. [9]) [b]) Zum Schlusse

---

[8]) Die darauf bezügliche Stelle lautet bei Adereth (ע' קדוש החדש XI) כשיקרו עבים חדש אחר חדש ולא יראה הישן והחדש הנה נעשה ארבעה מלאים זה אחר זה לא יתר והראיה מן הכתוב מה שנאמר בענין נח vgl. auch ibn Esra zu Gen. 8,8.

[9]) Aus dieser Darstellung erhellt, dass man zu M.'s Zeit noch

[a]) الوجود يحيل توالي خمسة اشهر على كمال '

[b]) وإن قيل فنحن نرجع عليكم بالسؤال فى هذه الخمسة الاشهر المتوالية الكمال ما معناها لانها ليست

wird noch ein Einwand des Karäers Kirkissani, sowie der Vorwurf, dass die Berechnung nach Conjunktion auf Zauberei(!) (נוע אדואע מן אנואע הקסמים) beruhe, zurückgewiesen. Soweit Munagga.[10] Das Wesen des gebundenen Mondjahres besteht also nach ihm darin, dass der Reifemonat stets vor dem Schluss des Mazzoth-Festes eintreten muss. Vergleichen wir mit dieser Angabe die Berichte späterer

---

nichts von einem Kalender des Pinchas, von dem bereits der Verfasser der erwähnten, von Neubauer edierten Chronik (a. a. O. S. 390) sowie die späteren Priester (not. et extraits pg. 126 und 153) fabelten, gewusst hat. Nach einigen galt auch Jerobeam für den Begründer des samaritanischen Kalenders; vgl. auch Juynboll chronicon Samarit. c. XV.

[10] Geiger hat zwar in der Zeitschr. der deutsch. morgl. Gesellsch. XX (pg. 540 ff.) aus dem Citate Ibrahims über diesen Gegenstand mehreres mitgeteilt, doch wie er selbst (542, Anm. 1) gesteht, nur flüchtig und mit wesentlichen Irrthümern, so dass nicht einmal das Thema des zweiten Teiles, der اجتماع, erkannt wurde. — Ausführliches über den Einwand Kirkissianis vgl. ibid. Selbstverständlich aber ist, da der ganze Bericht Munagga angehört, dass nur dieser, nicht Ibrahim mit Kirkissianis Schrift vertraut gewesen war.

متوالبة شمسية ولا قمرية والجواب انه اذا انا استحال
كونها قمرية وليست شمسية على منهج الحساب الشمسى
منذ الرسول وقبله كان المعنى فيها على وجه جائز غير
مستحيل ان اعمار القرون وتاريخ العالم فى مدة اعمار
القرون كانت الاشهر تحسب ثلاثين ثلاثين والخمسة ايام
والربع يوم الباقية من ايام كل سنة شمسية تحفظ
وتجمع شهر وتكبس ويحفظ الفاضل وكان ادم يلتزم بكبيسين
ولما امر الله السيد الخليل ابراهيم بالخروج من ارض
الكدانيين (من بلده Ibrahim) ارخ زمان خروجه وميقاته
(ميثاقه) .viell وقس. الخمسة ايام على بعض شهور السنة
والربع اليوم الباقى احاله على شباط يكبس فى كل
اربع سنين يوما واحدا ... وكانوا يحفظوا الشهور الشمسية
والشهور القمرية ،

Samaritaner. In dem schon öfters erwähnten Briefe v. J. 1672 heisst es gelegentlich der Besprechung des Passah: ולא נעשה אתו אלא אן כי נדע אן ולא ישיג יום אחד מן ניסן רומי was de Sacy sowohl, als auch schon vor ihm Morin und Ludolf (vgl. not. et extr. XII. pg. 178 u. Anm. 3 ib.) übersetzen: „Wir feiern das Fest nur dann (in diesem Monat), wenn wir wissen, dass der 1. Nissan der Griechen (April) bereits gekommen ist." Hieraus schliesst d. S. (ib. Anm. 2), dass die Sam. jedesmal einen Monat einschalten, so oft der 14. Nissan jüd. Kalenders vor dem 1. April eintrifft. Diese Annahme aber steht im offenbarem Widerspruche mit einer andern Stelle desselben Briefes, die wörtlich übersetzt lautet: „Wenn die Conjunktion des Monats auf den elften oder einen der vorhergehenden Tage des griechischen Adar (März) fällt, so ist das Jahr ein Schaltjahr mit dreizehn Monaten, und der auf ihn folgende Monat der erste Monat. Fällt dagegen der Eintritt jenes Monates auf den zwölften oder einen der folgenden Tage des Adar, so ist dieser der erste Monat und das Jahr ein gewöhnliches, mit zwölf Monaten." — (a. a. O. pg. 166 und 178). Wenn nun der 12. Adar (31 Tage) mit dem ersten des betreffenden Mondmonates zusammentrifft, so fällt der erste Nissan (April) auf den 21. des ersteren. Dies wäre also der Grenztermin für ein gewöhnliches Jahr. Nichts anderes aber will die erstgenannte, mit der letzten scheinbar unvereinbare Stelle, wenn man sie mit den folgenden Worten, die bisher selbstständig gefasst wurden und deshalb unverstanden blieben, verbindet und construirt: ולא נעשה אתו אלא אן אך כי נדע אך d. h. ולא ישיג יום אחד מן ניסן רומי ולא היה אלא שביע חג המצות Wir feiern das Passah nur wenn wir wissen, dass der erste des griechischen Nissan wenigstens noch den siebenten Tag des Mazzothfestes, das ist den 21. des Mondmonates, erreicht. Beide Angaben stimmen daher ebenso unter einander wie mit dem, was M. (S. ob. S. 4 u. 6) darüber sagt, überein, nur dass dieser ניסן רומי durch חדש האביב umschreibt.

Eine Uebereinstimmung dieser sam. Jahresberechnung mit derjenigen, welche bei den Rabbinen vor Einführung des festen Kalenders durch Hillel II. (4118 d. W. = 395 d. gew. Ztrchg.) üblich war, darf man um so weniger erwarten, als ja letztere durch den für Sam. nicht massgebenden Beschluss des jedesmaligen Synhedrius bedingt war. Dies erhellt auch aus der in מסבת כותים (ed. Kirchheim Seite 35, 36) angeführten Tosiphta. Die Grösse der Differenz lässt sich annährend in folgender Weise ermitteln. Nach den Pirke des R. Elieser cap. 8 musste die Tekuphath Tebeth spätestens auf den 19. Tebeth, mithin die 91 Tage darauf folgende Tekuphath Nissan (Frühlingsnachtgleiche) spätestens auf den 22. Nissan fallen[11]), wenn das vorangehende Jahr kein Schaltjahr sein sollte. Nach dem Kalender des Cäsar entspricht nun die Frühlingsnachtgleiche dem 25. März (vgl. Ideler, Chronolg. I. S. 414). Demnach war zu jener Zeit nach den Rabbinen die äusserste Grenze des 1. griech. Nissan (April) der 29. jüd. Nissan während er für die Samaritaner der 22. dieses Monats ist. — Auch in der Berechnung des Monatsanfanges scheinen Boethusäer wie Sam. schon in alter Zeit sich von den Rabbinen, für welche der Monat erst mit dem Sichtbarwerden des Mondes begann, getrennt zu haben, wie Rosch-Hasch. 2, 1 u. 2[12]) beweist, und möglicherweise hatten sie sich schon damals nach der synodischen Conjunktion gerichtet, die wir sonst fast bei keiner Sekte berücksichtigt finden.[13]) Dagegen ist die sam. Tradition von der Ver-

---

[11]) Dass nur dieser, nicht der R. Haschanah 21a und Synhedr. 13a angegebenen Termin für das samuelsche (julianische und samaritanische) Sonnenjahr gilt, beweist Schwarz, der jüd. Kalender S. 36 und Anm. 3 ibid.

[12]) Vgl. Geiger, Lehr- und Lesebuch der Mischnah S. 30 und Kirchheim, Karme Schomron S. 20.

[13]) Ohne Zweifel ist die Einführung dieser Monatsberechnung bei den Tiflisiten durch Moses Abu Amram, einen älteren karäischen Sektenstifter, eine Entlehnung von den Samaritanern. (Vgl. Grätz Gesch. der Jud. V, Not. 18 IV und Einltg. XX.

schiebung des Monatsanfanges, sobald die Conjunktion erst nach Mittag eintritt, sicherlich nichts anderes als die in dem constanten jüdischen Kalender unter dem Namen Molad Jach (יח) bekannte Vertagungsregel, welche nach vielen Gelehrten bereits in der Zeit, da man noch den Monat nach der Beobachtung fixirte, gültig war. (Vgl. Schwarz a. a. O. S. 52, 63, 31 Anm.[1]) Es braucht nun nicht erst hervorgehoben zu werden, dass in ältester Zeit bei allen Israeliten die Festsetzung des Monats nach dem Sichtbarwerden des Mondes erfolgte, und dass die Sam. nur um so früher zu der Reform, jenen nach der Conjunktion zu berechnen, gedrängt wurden, je mehr ihnen eine dem jüd. Synhedrin entsprechende Obrigkeit fehlte und je schwankender und unsicherer für sie deshalb der alte Modus, die Zeit zu regeln wurde, wie ja auch der ihnen nahe stehende Verfasser des Buches der Jubileen aus gleichen Gründen für die nichts weniger als altisraelitische Sitte, der Zeitrechnung das Sonnenjahr zu Grunde zu legen, mit allem Nachdruck eintrat. (Jahrb. der bibl. Wiss. II. 234 u. 246.)[14].

---

[14] Von den Samaritanern ist der Kalender häufig behandelt worden. So spricht Abu l'Chasan über die Feststellung des Neumondes (cat. cod. orient. bibl. Bodlej. II pg. 3), Neubauer, journ. Asiat. a. a. O. Append. No. II. III. und IV., nennt 3 astronom. Abhandlungen unter den Oxford. Mnscr., ebenso mehrere derselben unter d. Petersb. Mscr. bei Nutt. pg. 162; (vgl. auch über unsern Gegenstand Nutt, targum etc. pg. 145/46) — sowie die von Neubauer edierte Chronik (a. a. O.) und den in journ. Asiat. 1873, VI veröffentlichten Schriftcomment. pg. 360.

القَوْلُ فيما يتعلق بفرائض الكلام من السبت على طريق
الاختصار كالعادة

Abschnitt über die Lehre von den Sabbath-Geboten
in gewohnter Kürze¹) pg. 31a—4,4b.

Kapitel V.

Die unbestimmte Fassung der Sabbathverbote in der
heiligen Schrift, namentlich aber der Umstand, dass in
derselben Inhalt und Begriff der verbotenen Arbeit nicht
näher angegeben wird, liess der Auslegung, so weit sie
nicht durch die Tradition bestimmt und anerkannt war,
freien Spielraum, so ,dass nicht nur Differenzen unter den
einzelnen Parteien, sondern auch innerhalb der engeren
Gemeinschaft entstanden. (S. Beer, Buch d. Jub. S. 39,
Geiger: Deutsch. morgld. Ges. XX. S. 532 ff., vgl. auch
Abulfatchi annal. sam. ed. Vilmar, pg. 82). Unter den
diesbezüglichen Streitpunkten zwischen den Rabbinen einerseits, den Sadduzäern und Samaritanern andrerseits wird
vom Talmud nur die Verwerfung der rabbinischen Lehren
und Bestimmungen über das Tragen und Ausgehen am
Sabbath seitens der beiden letzteren ausdrücklich genannt,
(vgl. Hechaluz VI. S. 15 ff., jüd. Zeitschr. II. S. 24 ff.,
ausserdem auch die daselbst nicht erwähnte Stelle in Nid. 57a).
Welcher Deutung oder Ueberlieferung aber jene beiden
Sekten folgten, erfahren wir daselbst nicht. Hören wir,
was M. darüber sagt. Nachdem er im Allgemeinen die
Pflichten am Sabbath angegeben, und in seiner scholastisch
philosophirenden Weise den von einer bestimmten Zeit ab-
hängigen Gottesdienst zu erklären gesucht hatte, fährt er

---

¹) Einen Abschnitt darüber hat auch das كتاب أكافي (cp. 30,
باب فى السبت) und kurz berührt dies Thema Abu l'Chasan
a. Tyrus. (Uri, catal.)

fort: „Es ist uns nicht gestattet, am Sabbathe nach einem Ort, wo eine Entweihung durch verbotene Arbeiten und Werke stattfindet, uns zu begeben, wie es die Juden (Rabbaniten) im Widerspruch mit den Worten des Gesetzgebers thun. „Sabbath sei es dem Ewigen in all euren Wohnsitzen." (Levit. 23, 3). Wenn in diesen sich einer findet, der nicht an die Würde des Sabbath und die Pflicht des Ruhens von den Arbeiten glaubt, so entsteht durch dessen Gegenwart die Entweihung. — Diesen Befehl Gottes an den Gesandten haben sie verworfen. Doch den Befehl Jeremia's an sie, keinen Ring am Sabbath zu tragen gemäss seinen Worten: „Führet keine Last aus euren Häusern am Sabbath", den beobachteten sie. — Dieser Satz befindet sich in seiner Schrift im siebzehnten Kapitel, im zwei und zwanzigsten Verse [2]). — Ebenso verhält es sich auch, wenn sie gestatten, am Sabbath aus der Stadt und nach der Stadt zurück (?) 2000 Ellen weit zu gehen. Dies verstösst gegen den Sinn der göttlichen Worte: „Sabbath ist es dem Ewigen" u. s. w., da sie besagen, man soll sich nur in einem Orte aufhalten, wo keine entweihende Handlung wahrgenommen wird. Das Hinein- und Hinausgehen innerhalb entweihter Gegenden ist aber auch im Widerspruch mit dem Satze: „Niemand gehe aus seinem Orte am Tage des Sabbaths." Das Wort מקום (Ort) wird nun im weiteren und engeren Sinne gebraucht; im weiteren bedeutet es Stadt (nach Gen. 29, 26); ausserdem wird es von der Wohnstätte eines Menschen ge-

---

[2]) Diese Bestimmung des Citates ist sehr bemerkenswert, da die heutige Kapiteleinteilung bekanntlich erst nach dem Vorgange des R. Jakob b. Chajim, der 1525 die erste mit Massorah gedruckte Bibel corrigirte, in die hebräische Bibelausgabe übergegangen ist. (S. darüder Hupfeld in Stud. und Kritik. 10,a pg. 844). Es ist wahrscheinlich hier ein späterer Zusatz, um so mehr, als bei den übrigen Citaten aus nicht-pentateuchischen Büchern (vgl. Nutt a. a. O. pg. 134) der Ort der Entlehnung von M. nicht augegeben zu werden pflegt und das Mscr. auch von sonstigen Zusätzen nicht frei ist, vgl. Einl. Abschn. II.

braucht (nach Exod. 18, 23). Wenn es aber zwei Bedeutungen zulässt, und in einer der beiden Bedeutungen ist die Erfüllung einer Gesetzesvorschrift, in der anderen das Erlaubtsein einer Handlung ausgedrückt, so muss man an der engeren (erschwerenden) Bedeutung festhalten[3])" a).

Die erste Auffassung, nach welcher die Raumveränderung innerhalb der von Nichtjuden bewohnten Gegenden verboten wäre, ist bereits durch den Karäerstifter Anan

---

[3]) Dieser Lehrsatz wird fast mit denselben Worten noch öfters (pg. 95, 86 d. Ms. u. ähnlich 123) citirt und an zweiter Stelle von M. eine Grundlehre für das Studium genannt (وهذا من احد الاصول المقصودة فى الاجتهاد) Es ist dies also ein Grundsatz der arab. Rechtslehre und gilt als Beleg dafür, wie die Sam. ähnlich den Karäern in ihrer Methode ganz den Arabern gefolgt sind.

---

a) ... فلا يجوز لنا ان ننصرف فى يوم השבת يوجد فيه تبدل فى الاعمال والصنائع المنهى عنها ... كالذى يفعله اليهود من خلاف قول الشارع تعالى שבת היא ל" בכל מושבותיכם فانا وجد فيها من لا يعتقد شرف السبت ووجوب عطلة الاعمال فيها فقد وقع بوجوده التبديل ... فهذه وصية الرسول عن امر الله تعالى عز وجل القوها وحفظوا وصية ירמיה فى منع حمل خاتم حسب لقوله لهم ולא תוציאו משא מבתיכם ביום השבת وهذا كلام ارميا موجود فى كتابه فى الاصحاح السابع عشر فى عدد الثانى والعشرين وكذلك ايضا استنباحتهم الخروج فى يوم السبت عن المدينة وعن فيها (?) المدينة من נחכו אלפים אמה وهذا مما ينافى مقتضى قوله تعالى שבת היא الخ ان الفحوى فيه لا ينصرف الا فى موضع مسبت ... لا يظهر فعل يكون فيه التبديل والسعى والخروج الى المواضع المبدلة خلاف لقوله تعالى ואל יצא איש ممقومو واسم الممقوم يقال بعموم وخصوص فالعموم هو المدينة ... ويقال على نزل الانسان ... وانا احتمل (محتملين) scil. وكان فى المحتملين اثبات حكم شرعى وفى الاخر البقاء على الجواز (الزواج codd.) فى الفعل كان التمسك بالاختصاص،

bekannt, (Adereth, שבח 'ע XIII., Grätz, Gesch. d. Jud. V. Note 17, I, c.), wird aber nicht nur selbst von späteren Karäern aufgegeben, sondern auch bei anderen Samarit. nicht einmal erwähnt. Dieser Umstand, wie auch Mischn. Erub. 6, 1, wo von einem Zusammenwohnen von Samar. und Juden, die doch ihnen auch als Sabbath-Entweiher gelten mussten, die Rede ist, sprechen dafür, dass M. hier nicht einer alten Halachah, sondern dem von seiner eigenen Sekte verlassenen Anan sich angeschlossen hat. Aber auch bei den durch die wörtliche Deutung von Exod. 16, 23 herbeigeführten Verbot, am Sabbath seine Wohnstätte zu verlassen, das zwar in ganz ähnlicher Weise im كتاب الكافى (⁴ und Ibrahim ⁵) aufgeführt und oft in samarit. Briefen erwähnt wird, muss die samarit. Herkunft höchst fraglich erscheinen, so man erwägt, dass dieses Verbot als die specifische Lehre des samaritanischen Sektenstifters Dosis (Dosithens?) überliefert wird. (Abufatach a. a. O. S. 157 لا يخرجون فى يوم السبت من بيت الى بيب) woraus doch folgt, dass die übrigen Sam. sich nicht zu dieser Ansicht bekannten. —

Der folgende Streitpunkt betrifft die Frage, ob mit dem Verbote לא תבערו אש (Exod. 35, 3) nur das Anzünden oder auch das passive Brennenlassen gemeint sei, bekanntlich eine Frage, welche zwischen den älteren Karäern ⁶)

---

⁴) باب فى السى الى المعابد (Hallesche Hdschr. S. 17).

⁵) Z. St., in Kürze sind seine Worte: ממקומו מן موضعه هو المضرب وقبيل انه المعسكر...وحرم الخروج الى حد (= תחום) هو الفى نراع شبيها بالحدود اللاويين فقوله بعيد es gehe keiner aus s. Orte, d. h. seinem Zelte; nach manchen »aus seinem Lager,« so dass man bis zur Grenze von 2000 Ellen gleich der Grenze der Levitenstädte hinausgehen darf. Doch ist dies unrichtig. — (Vgl. Mechiltah z. St. und die das. von Weiss angegebenen Prlstellen).

⁶) Wie Frankl, in Ersch und Gruber, II, 33 pg. 13, Anm. 18 berichtigend bemerkt, beginnt dieser Streit bereits mit Anan.

und Rabbaniten eine heftige und ausgebreitete Polemik hervorrief und Saadiah zu einer besonderen Vertheidigungsschrift veranlasste, (ibn Esra z. St.) „Sie glauben, — hält M. den Rabbinen vor — wenn das Feuer durch die ihm eigene Natur wirkt, so kann seine Wirkung nicht auf andere zurückbezogen werden. Diese Ansicht ist aber sowohl in diesem wie in ähnlichen Fällen unrichtig. Vielmehr wird die Wirkung dessen, was durch das Feuer entsteht, dem zugeschrieben, der es zuerst erzeugt hat, wie es auch heisst: „Bezahlen muss es der Brandstifter" (Ex. 22, 5). Wenn nämlich einer zuerst ein Feuer anzündet, sich aber dann um dasselbe nicht kümmert, so dass es von selbst sich verbreitet, dann ist zum Ersatze des Schadens, den das Feuer durch das Verbrennen fremden Gutes anrichtete, — auch wenn jenes am Sabbath statt fand, während das Anzünden am Freitag geschah — der Anzündende verpflichtet. — Ebenso verhält es sich am Sabbath bei den Arbeiten, die wegen der Mitwirkung des Feuers verboten sind. Aehnlich diesem Falle ist der, dass, einer irgend etwas sich selbst überlässt, ohne es zu bewachen, so dass durch diesen Mangel an Bewachung eine Schädigung entsteht im Besitzthum eines anderen. Dann haftet diese an ihm, auch wenn der Thäter nicht direkt mit derselben in Verbindung steht. — Aehnlich ist es bei dem Gebote: „Du sollst dem Rinde nicht das Maul verschliessen, wenn es drischt. „(Deut. 25, 4). Wenn es einer auch vorher verbindet und so zur Arbeit führt, entsteht dadurch dennoch eine Verletzung des göttlichen Willens, da der Grund des Verbotes die Schädigung des Thieres bei der Arbeit ist, dadurch, dass es den Maulkorb trägt. Dieser Grund hat aber auch statt bei der Arbeit des Thieres, dessen Verband während des Dreschens von früher herrührt, da der Grund (für das Gesetz) nur dann beseitigt ist, wenn das Thier unverbunden arbeitet. Aehnlich diesem ist das Verbot: „Du sollst nicht mit einem Ochsen und Esel zugleich pflügen. „(Deut. 22, 10) weil darin ebenfalls eine Beseitigung der Thierschädigung liegt"[7]. a).

Wenn nun wirklich diese seit M. sehr häufig von Sam. hervorgehobene Differenz altsamaritanisch ist, wie vielfach behauptet wird,[8]) so zeigt diese Auseinandersetzung,

[7]) Manchen Vergleichungspunkt mit dieser Ausführung bietet die Darstellung Ibrahims (auszugsweise in der Deutsch. mgld. Gesellsch. XX. S. 532).

[8]) Zuerst von Reland, der in seiner »dissert. de Samar.« (a. 1707) pg. 41 auf die Zeugnisse der Kirchenväter hinweist, dann von Geiger,

a) وقد يظنوا ان النار اذا فعلت بطبعها لا ينسب فعلها الى غيرها وهذا باطل فى هذا الاصل وفى نظائره بل التدابير الحادث من النار ينسب الى الممتدئ لها لقوله تعالى שלם ישלם המבעיר a) את הבעירה a) وذلك انه ابتدا ممتدئ اشعال نار . . . ثم تهاون فى امرها وسعت بطبعها . . . فان الغرامة الحادثه عن النار باحراق مال الغير ولو فى زمان השבת وكون الاشعال يوم الجمعة يلزم المشعل كذلك الافعال المنهى عنها فى يوم السبت من تدابير النار . . . . وفى نظائر هذا الاصل ان يطلق مطلق ما على بستانه ولم يتحفظه وحدث عن ذلك الاطلاق فسادا فى ملك غيره ازمه ذلك وان لم يكن الفاعل باشر — ومثاله قوله تعالى לא תחסם שור בדישו قد علم بهذا ان لا يكون البهيمة محظومة فى حال دراسها فمن حظمه (!) قبل وجاز به الى عمله محظوما وقد وجد منه ما يناقض غرض الناهى لان علة النهى انما هى استنصارى بالعمل وهو محظوم وهذه العلة موجودة فى فعل من تناول حظمه بقبل . . . ولا تنزول العلة بدون ان يكون فاعلا وهو غير محظوم . . . ونظير هذا قوله تعالى לא תחריש a) בשור ובחמור יחדו لان هذا ايضا فيه ازالة ضرر . . . عن البهيمة.

a) תחריש nach dem sam. Text, nach dem massoretischen: המבעיר — הבעירה -- תחריש — המבער — הבערה — תחרש. vgl. über die scriptio plena sowie über die schlaffe Orthographie bei Sam. Gesenius, de pentateuchi Sam. orig. indole et auctoritate, S. 53 ff., Frankel, über den Einfl. d. pal. Exegese S. 240.

wie unselbstständig und abhängig die Sam. von ihren Schülern, den Karäern, in der Rechtfertigung ihrer alten Gesetzesauffassungen waren. Denn auf Exod. 22,5 beruft sich bereits Saadiah's Gegner und Zeitgenosse, Salomo ben Jerucham, ebenso war auch Deut. 25,4 schon frühzeitig von Karäern in's Treffen geführt worden, was aus ibn Esra z. St. erhellt (vgl. Karme Schomron, S. 27, Anm. 3). Eine gleiche Abhängigkeit lehrt die Ausführung des Verbotes, den ehelichen Umgang am Sabbath zu pflegen, das M. hier nur andeutungsweise berührt. „Die Pflicht der Heiligung der Zeit und des Ortes, die für den Gottesdienst vorgeschrieben sind, erfordert selbstverständlich, dass der Gottesdiener ebenfalls rein sei und sich von Gedanken, geschweige denn von Thaten, die eine Unreinheit zur Folge haben, fern halte. Diese (Juden) aber beachten beides nicht." a) Ausführlicher und schärfer wird dieser Punkt besprochen von Ibrahim (Geiger a. a. O.) und vor ihm noch vom Verfasser des كتاب الكافى [9]).

D. M. Ges. a. a. O., Reifmann, Mamar Mischloach Manoth, 61 ff., vgl. auch Heidenheim: Deutsche Vierteljahrschr. I. S. 92 u. Anm. 11 dazu.

[9]) Op. 12 (Hallesche Hdschr. S. 51): ومن تبدلاتهم يقصدوا
مجامعة النساء فى ليلة السبت وهذا من اعظم الخلاف
لان الله قدس السبت ... فقال שמור את י' השבת לקדשו
وقد نسبه تعالى اليه فقال כי שבת היום לי"... والتقديس لا
يكون الا بعدم المجامعة دليل ذلك ما امر به لموسى ...
ויקדש העם אנى אל תגשו אל אשה ... وان قالوا ان مجامعة
النساء لم يحصل منها نجاسة قلنا لهم ان الله قال فى
التنزيل ואשה אשר ישכב איש אתה ... וטמאו עד הערב الخ
vgl. damit Ibrahim und die ähnlichen Darstellungen der Karäer, zusammengestellt in Karme Schomr. 27, Anm. 2.

(a ... يلزم عقد نقديس ازمان وصيانة المكان المفترضات
لاجل عبادة الشارع ان يكون العابد ايضا من طريف الاولى
طاهرا ساتن نفسه عن الفكر الجالب للنجاسة وعن الفعل من
طريف الاجراى (الاحرى l.?) والاولى وهاولاى علدموا الحالتين ,

deren Ausführungen ebenfalls denen der Karäer nachgebildet sind. Gleichwohl sind die Samarit. in der Sache selbst ihre Vorgänger. Denn einerseits beweist das Buch der Jubileen (vgl. Beer, Buch d. Jub. 53 ff.), dass der Brauch der Rabbinen in manchen Orten auf Widerspruch stiess, andrerseits lässt die Tosipht. Nedar, II vermuten, dass unter den Sam. selbst schon zur Zeit der Mischnahlehrer die Anerkennung der rabbinischen Tradition nicht allgemein war [10]), und allmählich ganz aufgegeben wurde, welches letztere sämmtliche Ueberlieferungen aus der arab. Periode bezeugen.

Sicher karäischen Ursprungs ist das erst durch die kulturellen Zustände der damaligen Zeit hervorgerufene Verbot, welches M. (und vor ihm sam. Bibelglossatoren) in folgenden Worten ausspricht, „Es findet sich auf dem Rande folgende Bemerkung der Bibelforscher[11]): „Der

---

[10]) Vgl. Schorr, Hechaluz IV., pg. 20; doch beweist dieser nichts gegen den durch die bab. Gemar. sicher gestellten Text der Mischnah Ned. III, 10 (S. Frankel, üb. d. Einfl. d. pal. Exegese S. 252), da der Redaktor der Mischnah die Meinung R. Jehudas, die doch wohl ihren Grund hatte, recipirt haben kann. Die andern Belege Sch's aber stützen sich auf unbegründete Konjekturen. Auch sind die 10 auf Esra zurückgeführten Anordnungen durchaus nicht antisamarit., wie dies die das. aufgeführte Pflicht, sich nach einer Pollution zu reinigen, was bekanntlich von Samarit. ganz besonders eingeschärft wird, beweist. (Baba Kamma 82, notic. et extraits, XII, S. 178.)

[11]) In älterer Zeit, da fortlaufende Pentateuchcommentare noch selten oder nicht vorhanden waren, scheinen sich di Sam. auf kurze Randbemerkungen zum Bibeltexte, welche ihrer besonderen Auffassung Rechnung trugen, beschränkt zu haben, ähnlich ihrer Stellung der jüd.-arab. Bibelübersetzung gegenüber. So werden in diesem Teile unserer Schrift (von Munagga?) noch an 3 anderen Stellen Randglossen über die Zeit des Passah (vgl. c. VI S. 29). über Erbregelung und besonders ausführlich über den Aussatz, woselbst vieles aus prophetischen Büchern (كتب اهل الخلاف) citirt wird, herbeigezogen. Auch Ibrahim citirt öfters solche, so zu Gen. 2,6 unter derselb. Einleitungsformel حاشية الكتاب طرز على وجد من بعض المطالعين

Gesetzgeber hat sich deutlich betreffs der am Sabbath verbotenen Arbeiten erklärt. Dies sind nämlich sowohl geistige als auch körperliche Arbeiten, als auch Arbeiten, die beides zugleich sind." Mithin ist das Lehren der Wissenschaften am Sabbath verboten, ausgenommen das Lehren des göttlichen Gesetzes. — Und zwar sind die wissenschaftlichen Beschäftigungen, bei denen besondere Geräte zur Erkenntnis nötig sind, wie das Studium über die Erdbewegung, über die Sonnenhöhe, den Lauf des Meeres und der Gestirne und ähnliches verboten." a)
Die ursprüngliche Heimat dieser Verbote ist deutlich zu erkennen, wenn man damit vergleicht, was im Ader.[12] u. ähnlich im Eschkol (No. 145) von den Karäern gefordert wird und bedenkt, dass diese Bestimmungen zum Teil in den Mahnungen des von Sam. nicht anerkannten Jesaias (58,13) ihren Grund haben.

M. sucht darauf — wie es auch andere, namentlich karäische Schrifterklärer thun - die Bedeutung des Wortes שבת zu erörtern und zu beweisen, dass dieses die Bedeutung „Festtag" ausschliesse, ferner, dass bei einem Zusammentreffen des Sabbaths mit einem Festtage das Wallfahren

---

[12]) An diesem Tage beschäftige man sich mit dem Studium unserer göttl. Schrift. Aber das Einsehen in häretische, medizinische Werke, wie die Beschäftigung mit dem praktischen Teile der Philos., der Astronomie, mit der Arithmetik und Musik ist am Sabbath verboten. (Ader שבת 'ע XI).

---

a) وجد على الحاشية من كلام المطالعيين هكذا صرح
الشارع فى الافعال المحرمة فى السبت وهى افعال علميه
وافعال عمليه وافعال علميه وعمليه وبان من ذلك ان تعليم
يلعلوم فى السبت حرام ما عدا درس التوريه .... واما
اوجد افعال علميه لها الات لمعرفتها كعل الكرة الارضيه
وعلم الارتفاع وعلم اسبيران البحرى وعلم سيران الكواكب
وما يماثلها حرام (!) '

nach dem Gerisim (חג) wegen der grösseren Heiligkeit des Sabbaths unterbleiben müsse, schweift aber dann in gewohnter Weise¹³) von seinem Thema ab und kehrt zu den Bestimmungen über das Passah zurück, die teils mit denen des folgenden Abschnittes zusammenfallen, teils aber auch noch folgende interessante Bemerkungen enthalten. — „Ferner beobachteten sie (die Vorfahren der Sam.), dass das Gebot des Passahopfers in Aegypten und in der Wüste auf die beiden Arten des Kleinviehs beschränkt war, und nur der (erwählte) Ort durch die Zulässigkeit einer zweiten Gattung (des Rindviehs) bevorzugt sei. Wir dürfen aber nicht die Vorrechte des (erwählten) Ortes auf andere Gegenden übertragen". a) Diese scheinbar harmlose Erklärung hat ihre eigene Geschichte und gewährt uns einen trefflichen Beitrag zur Erkenntnis der verschiedenen Deutungen, durch welche Rabbinen einerseits und ihre Gegner andererseits scheinbar widersprechende Bestimmungen des Pentateuchs auszugleichen suchten. Mit allem Nachdruck suchen nämlich schon die ältesten jüdischen Ueberlieferungen sich zu verwahren gegen die Auffassung, dass Deut. 16,7 im Widerspruch mit Exod. 12,5 auch das Rind für das Passahopfer gestatte. Deshalb suchen nicht nur ältere Mischnahlehrer, ein jeder auf eigene Weise, darzuthun, dass das an jener Stelle befremdend erscheinende ובקר auf das Festopfer (חגיגה eig. Wallfahrtsopfer) zu beziehen sei, (Mechilta Bo. IV,) sondern auch das Targ. Onkel. verlässt seine Objectivität, um hier ähnlich wie Lev. 23,11 und anderwärts seinem pharisäischen Standpunkt Ausdruck zu geben, indem es die Worte ונכסת קודשיא (Friedensopfer) vor מן תורי einschaltet. Auch Saadiah

---

¹³) Vgl. Einltg. gegen Ende.

a) ثم رأوا استقرار وجوب الفرض فى فسح مصر وفسح المدبر على نوعى الضان حسب وشرف المقوم بزيادة نوع وحرم علينا ان نفعل ما شرف به المقوم فى غيرة

übersetzt aus diesem Grunde: „das Passah vom Kleinvieh und ausserdem (Opfer) vom Rinde¹⁴) (من الَّغنم ومعه من البقر) Ja, selbst die Karäer bekennen sich fast sämmtlich zu dieser Erklärung (Mibch. z. St., Adereth פסח 'ע, 1). Mehr noch aber als durch all diese consequent durchgeführten Ueberlieferungen wird der Gegensatz der pharisäischen und sadduzäisch-samaritanischen Auffassung durch die historisch höchst merkwürdige Stelle in Jer. Pes. VI, 1 beleuchtet. Hier wird nämlich unter jenen drei (antisadduzäischen) Erklärungen, wegen welcher der Hauptverfechter des pharisäischen Standpunktes, Hillel, nach Babylon kommen musste¹⁵), an zweiter Stelle auch die Deutung genannt, nach welcher Deut. 16,2 auf Wallfahrtsopfer zu beziehen sei. Offenbar standen schon in alter Zeit Sadduzäer und Samaritaner bezüglich der Deutung dieses Verses im Kampfe mit den Pharisäern¹⁶). Die Samaritaner aber

---

¹⁴) Während Abu Said (nach cod. Berol.) wörtlich übersetzt.

¹⁵) Dass diese drei Deutungen gegen die Sadduz. (resp. Samarit.) gerichtet sind, beweist diese wie die dritte, (S. Anm. 16) das. genannte Interpretation, wenn uns auch die Gegenansicht zu der ersten — trotz der Ausführungen Geigers in jüd. Zeitschr. IV. S. 49 ff. — unbekannt ist. Auch die Analogie der im Jerus. vorangehenden, ebenfalls vom »Babylonier Hillel« herrührenden Erklärung, die sicher die antirabb. Auffassung jener beiden Sekten bekämpfen will (vgl. folgd. Abschn. S. 28), spricht für eine antisadduzäische Tendenz unserer Stelle.

¹⁶) Ohne Grund wird daher (jüd. Zeitschr. a. a. O.) diese Stelle des Jerus. ihrer schlichten Bedeutung entkleidet und die Ansicht Hillels mit der des ben Dorotheus (Pes. 70 b) identifizirt. Gleichzeitig will ich hier bemerken, dass der 3. hier aufgeführten Erklärung Hillels eine sam. Textesänderung ihre Entstehung zu verdanken scheint. Hillel hatte nämlich die auffallende Bestimmung Deut. 16,8 dahin gedeutet, dass nach diesem Verse während des Mazzothfestes stets 6 Tage Brote von der neuen, nach dem Omer erst erlaubten Frucht gegessen werden dürfen, dieser Vers mithin der bekannten sadduz.-samarit. Ansicht entgegenstehe. Dagegen suchten die Sam. sich zu rechtfertigen, indem sie ihrerseits diesen Vers erklärten, dass den ersten 6 Tagen der siebente als Fest- und Wallfahrtstag — der Sam. liest nämlich Deut. 16,8 עצרת חג, die

blieben nach dem Aussterben der Sadduzäer in ihrer Auffassung vereinzelt bis der Sektenstifter Abu Amram, der Tiflisite sich wiederum derselben annahm, wie er auch in anderen Fällen sich ihnen anschloss (i. Esra zu Exod. 13,5; Grätz, Gesch. d. Jud. V, Note 19, IV, u. Einl. Abschn. I Anm. 8). Sehen wir hier die Sam. mit Zähigkeit und Ausdauer eine ihnen eigentümliche Auffassung festhalten, so sehen wir sie in einem anderen Falle in völliger Abhängigkeit von der rabb. Halachah, wie sehr es auch der seiner eigenen Volksgeschichte unkundige M. in Abrede zu stellen sucht. „Einer der jüdischen Gelehrten — erzählt er — hatte uns vorgehalten, dass wir sowohl den Genuss von ungesäuertem als auch gesäuertem Brote am vierzehnten (Nissan) für verboten halten. Dies, sagte er, heisst, neue Grundlehren für das Gesetz aufstellen, die doch nur durch das Schriftwort oder durch eine ausdrückliche Bestimmung festgesetzt werden dürfen. Ihr aber habt für euren Brauch keinen biblischen Beleg." a) M. versucht ausführlich diese Beschuldigung zurückzuweisen[17]). Auch Ibrahim zu Exod. 12,3 bestätigt diesen

---

Massoret. nur עצרה — gegenüberstehe (ebenso Karäer). Um ihre Ansicht zu bekräftigen, änderten sie nun consequenterweise Exod. 13,6, wo ebenfalls der 7. Tag vor den übrigen hervorgehoben wird, שבעת in ששת (vgl. Karm. Schomr. 31, Anm. 1 und Massech. Kuthim 35, Anm. 1). Eine andere Textesänderung aus ähnlichem Anlass wird weiter S. 28 nachgewiesen werden.

[17]) Der arab. Text erscheint an dieser Stelle mehrfach corrumpirt und lässt eine grössere Lücke vermuten. — Ueber das erste Verbot betreffs des Ungesäuerten am 14. Nissan vgl. man Jerus., Pesach. X, 1, über das Verbot, Gesäuertes an diesem Tage zu geniessen, Babl. Pes. 4 u. 28. Letzteres glaubt Frankel (Einfl. d. pal. Exeg. 89) bereits in den LXX wiederzufinden. Dagegen scheint es nur

---

a) ولقد اعترض بعض علماء اليهون علينا فيما نعتمده
فى الرابع عشر من حرامتنا اكل الفطير والخمير معا وزعم
ان هذا ابداع اصل من الاصول اصول الفرائض لا تثبت الا
بالخطاب وبالنص على الاصل ولا نص معكم فيما نعتمدوه '

Brauch bei den Sam., wenn er sagt: „Die Gemeinde Israels stimmt der begründeten Tradition, sich des Genusses des Gesäuerten am 14. Nissan zu enthalten, bei. Auch muss' man sich an diesem Tage von Ungesäuertem fernhalten, damit der Genuss desselben nicht acht Tage lang währe".ᵃ) Auf die am Schlusse dieses Abschnittes befindliche, eingehende Erörterung über die Zubereitung von Speisen an Festtagen (Exod. 12,16), welche die Sam. und einige ältere Karäer (Ader. חג המצות 'ה III) auf das Passahopfer beziehen, verweist bereits Ibrahim z. St.¹⁸); doch muss auch hier der altsamarit. Ursprung dieser Deutung beanstandet werden, da einerseits nichts davon in älteren Schriften erwähnt wird, andererseits die Textesänderung der Samarit. in Deuter. 16,8 (כל מלאכת עבודה) (nur jede Dienstarbeit) für das massoretische מלאכה) auf eine entgegengesetzte Auffassung der ältesten Sam. schliessen lässt, so dass nach ihnen das Arbeitsverbot an Festtagen nur eine beschränkte Ausdehnung hatte.

Während also die Sam. in der Lehre über das Passahfest stets ihren früheren Standpunkt festhielten, wie es

---

eine Unachtsamkeit oder Inconsequenz zu sein, wenn der Verf. des liber Josuae, cp. 38 sagt: »Erst am Mazzothfest fand das Fortschaffen des Gesäuerten statt« تشديد التخمير فى عيد النفطير

¹⁸) ib. »Wer über diesen Gegenstand ausführliches erfahren will, möge die Schrift »über die Steitfragen,« welche neben anderen Schriften von dem Gelehrten, Munagga, dem Sohne des Dichters, (Sadaka,) verfasst ist, zu Rate ziehen.« ومن اراد الاتساع فى هذا المعنى فعليه بمراجعة كتاب مسائل الخلاف الذى هو من بعض تاليف الشيخ منجا ابن الشاعر ' Auszugsweise ist dieser Passus mitgeteilt und sein Inhalt kritisch behandelt von Geiger, deutsch. mrgld. Ges. XX, S. 536, der auch hier für das hohe Alter der antirabb. Deutung eintritt. Auch in dem Schreiben des Meschalmah (Vierteljahrschr. I, S. 94) wird dieses Gegenstandes gedacht.

(ᵃ .... واتفاق جمهور اسرائيل فى النقول الصادقة
بعلم اكل التخمير فى اليوم الرابع عشر... واما علم اكل
ذلك الفطير (.?om فهو) لئلا يصير اكله ثمانية ايام '

diese beiden und der folgende Abschnitt zeigen, und dies um so eher, als für eine Beeinflussung nach Abschaffung der Opfer bei den Juden, die ja allein hier in Betracht kommen, weniger Gelegenheit geboten war, erweisen sich die Abweichungen von der rabb. Halachah in der Sabbath- und Festfeier ausschliesslich als Erschwerungen, auf welche der vorsichtige und unselbstständige Sam. nicht blos durch die Bedenken der Sadduzäer, sondern auch erst spät durch die Anregungen und Skrupeln der Karäer geführt wurde. —

فصل الكلام فيما يتعلق بتحقيق عرب وبين العربيم وكم لنا
عرب وكم لنا بين العربيم واختلاف ازمنتها وتعاد الازمنة التى
تخص كل واحد منها واشتراك ٌ الاسم وتعاده واختلاف
اوقاتها (!) '

Abschnitt über die Bedeutung von ערב (Abend) und בין הערבים (zwischen den beiden Abenden), über die verschiedenen Arten des ersteren und des zweiten, die Verschiedenheit ihrer Zeiten und die Feststellung der Zeitdauer, welche jeder einzelnen Art zukommt, den gemeinsamen Gebrauch des Ausdruckes, seine Bedeutung und die Verschiedenheit seiner Zeiten. (44b—47b).

Kapitel VI.

Dieses Kapitel, eigentlich eine Fortsetzung des Abschnittes über das Passah, ist hauptsächlich der Frage gewidmet, wann dieses Opfer zu schlachten sei. Bekanntlich bestimmt die Bibel diese Zeit meist durch die Worte בין הערבים; nur an zwei Stellen findet sich gemäss dem massoretischen Texte dafür auch die Bezeichnung בערב, nämlich Deut. 16,4 und 6. Nach der von allen rabbin. Autoritäten anerkannten Halachah beginnt nun diese Zeit mit der zweiten Hälfte der siebenten Tagesstunde. (vgl. Mechilta zu Exod. 12,6 und die das. von Weiss angegeb. Parallelstellen im Talmud). Das Buch der Jubileen aber, hier wahrscheinlich wie bei der sonstigen Zeitbestimmung von dem Brauche der Aegypter beeinflusst und abhängig, sucht die Zeit des „Abends" zu beschränken und gestattet erst von dem letzten Drittel des Tages an, also c. 2 Stunden nach der traditionierten Zeit, das Passah zu schlachten. (Jahrb. III S. 67/68, vgl. auch Krüger, in Deutsch-mrgl. Gesellsch. XII S. 298). Achnlichen Bestrebungen scheinen schon frühzeitig die Sam. geneigt gewesen zu sein, wenn sie auch Deut. 16,4 בערב zu בין הערבים änderten, welches letztere nach der Auffassung der Sam. (Munagga, Scholion zu Abu Said) erst nach einem ערב eintreten konnte[1]). Doch nur vermuten lässt es sich, dass schon damals die Opferzeit bis auf die Dämmerung herabgerückt wurde, welche Ansicht die Sam. der arabischen Periode vertreten, und gar bald von allen Karäern geteilt wurde[2]). Was M. darüber sagt, ist in Kürze folgendes: „Ich behaupte, dass ערב und בקר zunächst für den ganzen Tag und die ganze Nacht gebraucht werden, nach Gen. 1,5. Ferner bedeutet ערב den Anfang des (mit dem Abend beginnenden) Tages, zu welcher Zeit die Unreinheit von jedem Unreinen weicht. Dahin gehört auch der Satz: „am Abend stiegen Wachteln herauf" (Ex. 16,13). Darauf folgt בין הערבים gemäss der Stelle: „zwischen den Abenden werdet ihr Fleisch essen". (ib. 12) Speciell der Thorah eigen ist der Gebrauch von ערב und בין הערבים an den Stellen, wo sie den letzten Teil des vergangenen Tages bedeuten. Diese Deutung ist nötig bei dem (Passah-)Opfer, denn dieses hat die Schrift ausdrücklich mit dem vorangehenden Tage in Beziehung gebracht nach Ex. 12,6. Auch ערב (nicht nur wie a. a. O. בין הערבים) findet sich im Zusammenhang mit dem vorher-

---

[1]) Vgl. Reland, dissertatio de Samaritanis, pg. 54.

[2]) Deut. 16, 6 brauchte nicht geändert zu werden, da das auf בערב unmittelbar folgende כבא השמש die sam. Auffassung zu begünstigen schien.

gehenden Tag, so in dem Satze: „von Abend bis Abend feiert euren Sabbath." (Lev. 23,32) Damit ist nämlich gesagt, dass man bei der Feier der Sabbathe und Festtage darauf achten solle, einen Teil des vergangenen und folgenden Tages hinzuzunehmen³). Dahin gehört auch der Satz: „Dort sollst du das Passah am Abend schlachten." (Deut. 16,6) welches vom Opfer an heiliger Stätte gesagt ist, und jedem andern Opfer vorangeht, (vgl. S. 21) da ערב früher ist als בה״ע."ᵃ)

Bestimmter lässt sich die Frage entscheiden, wie die alten Sam. über die Opferzeit des Passah dachten, so dieses auf einen Sabbath fiel. Beide Talmuden (zu Pesach. Mischn. VI, 1 und Tosiphta II ibid.) erzählen uns, dass zur Zeit

³) Diese Auslegung ist den Rabbinen entlehnt. So heisst es in Joma 81b mit Bezug auf diese Bibelstelle: מכאן שמוסיפין מחול על הקדש. »Aus diesem Satze folgt, dass man zu den heiligen Tagen (vorher und nachher) einige Zeit hinzufügt.« Das Scholion zu Abu Said, Gen. 2, 8 setzt diesen Zusatz auf eine halbe Stunde fest, während im sam. Briefe vom J. 1820 berichtet wird, dass nur am Versöhnungstage und zwar dann eine ganze Stunde, (so dass jener 25 Stunden dauert), hinzugefügt wird. (Not. et extr. XII. pg. 158).

ᵃ) فاقول ان لنا ערב ונכך يقعان على جملة النهار والليل..
ולנו ערב وهو اول زمان اليوم الذي فيه يزول عن كل ظلمى طماه
וינאסבה قوله ויהי בערב ויעל השלו ובין הערבים בעדه لقوله בה״ע
תאכלו בשר ... ולנו ערב شرعى ובין הערבים وهما اخر زمان
اليوم الماضى ويفتقر الى קראבן (!) وتلكى אלקרבן هى تصريح
الكتاب باضافتها الى الماضى نقوله והיה לכם למשמרת עד
ארבעה עשר .... ושחטו אתו ... בין הערבים ... وأما הערב
واضافته الى الماضى فله ايضا نظائر منها قوله מערב עד ערב
والمقصود منه الاحتياط فى حفظ ايام السبوت والاعياد
بقطعة من الماضى وقطعة من المستنانف (المستنناف) codd.
... וינאסב هذا قوله שם תזבח את הפ׳ בערב وهذا مقول فى
נזביח המקום وهو مقدم على كل נזביח لان הערב يتقدم
בין הערבים ....

Hillels, als der 14. Nissan auf einen Sabbath traf, jene Frage von den Rabbinen aufgeworfen wurde, und von Hillel nach einer von seinen Lehrern Schemaja und Abtalia erhaltenen Tradition dahin beantwortet wurde, dass das Schlachten des Passah den Sabbath verdränge, da die für jenes geltende Bestimmung במועדו (Num. 9,2) „zu seiner (unveränderlichen) Zeit" auch den Sabbath einschliesse. Diese Halachah, welche nicht nur von allen Rabbinen, sondern auch von vielen, namentlich den späteren Karäern anerkannt wurde, (vgl. Ader. ע' פסח VIII), wird ganz entschieden von allen Sam. bis auf die neueste Zeit verworfen. (Munagga, Scholion zu Abu Said a. a. O; Ibrahim und Petermann's Bericht in Herzog, Realencykl. f. prot. Theol., 1860, tm. 13, S. 378.) Das Zeugniss für ihre Auffassung in älterer Zeit aber liefert uns ihr Bibeltext, wo das Kriterium für die Rabbinen, „במועדו," consequenter Weise in „במועדיו" „zu seinen (verschiedenen) Zeiten" geändert wurde, so Num. 9, 2; 3; 7; 13 (samarit. Targum: בזבניו und ebenso der Berlin. Codex des A. Said فى! اوقاتها).

Munagga aber, sowie der von ihm citirte Bibelglossator wissen von dieser Textesabweichung nichts mehr und entlehnen auch hier die Deduktion für ihr Gesetz den Karäern. (vgl. Eschkol Hakkof. 202). So heisst es in unserer Schrift: „Der (für verschiedene Zeiten) gemeinsam gebrauchte Ausdruck (ערב und כין ערבים) muss gedeutet und erklärt werden nach dem besonderen Zusammenhang, jede einzelne Bedeutung gemäss der der Passah-Opferung eigenen Bestimmung. Bei keiner näheren Angabe ist die Zeit des Schlachtens stets am Ende des 14.; trifft der Fünfzehnte aber mit dem Sabbath zusammen, so ist bereits eine Zeiterweiterung ausgesprochen in dem Satze: „Während des 14. Tages des Monates ist Passah für den Ewigen", (Num. 28,16) ohne nähere Zeitbegrenzung; eine gleiche (Zeiterweiterung) enthält der Satz: „Das Fleisch, dass du zwischen den Abenden am ersten Tage (des Mazzothfestes) schlachtest, lasse nicht übernachten" (Deut. 16,4). Der erste Satz bedeutet eine

Beschleunigung, der zweite eine Verspätung. — Es findet sich folgende Randbemerkung des Scheich: „Der Gesetzgeber beabsichtigte in dem ersten Satze eine Verfrühung. In dem Jahre nämlich, in welchem das Passahfest (der 15.) auf den Sabbath fällt, muss das Opfern schon früher an dem Freitag, also dem 14., nach der Zeit der Sonnenneige stattfinden; im 2. Satze aber (beabsichtigte er) eine Verspätung, wenn nämlich das Passahfest auf den Sonntag fällt, muss das Opfer in der Nacht des Sonntags, des 15. nach Sonnenuntergang stattfinden, weil das (auf einen Tag) beschränkte Sabbath-Gebot den Vorzug hat vor dem (zeitlich) weniger begrenzten Passah-Gebot". — a)
Zum Schlusse sucht M. noch die rabbinische Auffassung dass ערב mit der Sonnenneige nach dem Mittage (حين نميل الشمس عن سمت الرأس ودائره نصف النهار) beginne, zu widerlegen⁴).

⁴) Hiermit vergleiche man die ähnlichen Ausführungen des Scholiasten zu Abu Said, Gen. 2,8 und Levit. 23,32. In diesem

a) فالاسم المشترك يفتقر فى تعيين معانيه ونحديده الى قرائن مخصصة لكل واحدة من المعانى بما يخصه من الحكم بذبيح الفسح دائما على الاطلاق يكون فى اخر جزء من الرابع عشر .... واذا عارضه السبت اما اولا فقد ورد فى بابه ما يتعين به توسع الزمان لقوله בארבעה עשר יום לחי פסח לי מطلقا ... وكذلك ולא ילין מן הבשר אשר תזבח בין הערבים ביום הראישון فاذا فى الاول تقديما وفى الثانى تاخيرا ... وجد حاشية على طرز الكتاب يقول قول الشيخ ان الشارع قصد فى الاول تقديما وذلك فى السنة التى يجىء מועד הפסח يوم السبت تقدم فيه ذبيح הקרבן فى اليوم الجمعة الذى هو الرابع عشر بعد الزوال وفى الثانى تاخيرا اى سنة ان يجىء מועד הפסח الاحد يكون ذبيح قربن فيه ليلة الاحد التى هى ليلة الخامس عشر بعد الغروب ... لان السبت مع تضييقه محكم على الفسح مع توسيعا،

فصل الكلام فيما يتعلق بشريعة הנדה והזבה והיולדה.

Abschnitt über das Gesetz der menstruirenden, flusssüchtigen und gebärenden Frau. (pg. 56a 67a.)

Kapitel VII.

Ueber die Deutung der Reinheitsgesetze der Frauen, Lev. 15,19—23, herrschte nach dem Zeugnisse der Mischnah, Niddah, IV 1 und 2 schon von jeher Meinungsverschiedenheit zwischen den Rabbinen einerseits und den Sadduzäern und Samaritanern andrerseits. Worin jene Abweichungen bestanden, wird bei diesen nur kurz, bei jenen überhaupt nicht näher angegeben. Wie unbeständig und uneinig aber die Sam. unter sich in der Erklärung jener Gesetze gewesen sein müssen, beweisen nicht nur die hierher gehörigen Differenzen der Dositheer, welche Abulfatach (annal. sam. ed. Vilmar pg. 82) überliefert, sondern noch weit mehr eine Vergleichung dessen, was M. in diesem Kapitel ausführlich darlegt, mit anderen, diesem Gegenstande gewidmeten Berichten. — Die wesentlichsten Unterscheidungspunkte in der Auffassung der Juden und Sam. fast M. noch einmal am Ende dieses Abschnittes zusammen, und es ist daher wohl angebracht, diesen Schluss zunächst hier wörtlich folgen zu lassen. —
„Die Hauptdifferenz zwischen uns und den Juden in dem Gesetze über die Menstruirende, Flusssüchtige und die Gebärerin sind (zunächst) betreffs des „ersten Blutes" und zwar nach zwei Seiten, erstens, dass es in jeder Farbe als unrein gilt, und es keine Blutart mit der Eigenschaft der Reinheit giebt, zweitens, dass dieses (zuerst sich zeigende) Blut allein eine 7tägige Unreinheit bedingt, im Gegensatz

---

Sinne sucht auch Ibrahim zu Exod. 12,4 und das كتاب الكافي im الصلاة باب die Deutung des »Abendes« und des Ausdrucks »zwischen den 2 Abenden« zu erörtern.

zu dem, das am zweiten Tage kommt; Fällt ersteres auf irgend etwas, ob Mensch oder Gerät, so ist dieses 7 Tage lang unrein, das am zweiten Tage eintretende Blut aber erfordert nur eine augenblickliche Unreinheit (bis zum Abend). Ein dritter Punkt ist, dass das Gesetz über die Menstruirende 7 Wochen lang gilt; nachher erst ist sie bei dem Eintreten der Vorbedingung eine Flusssüchtige, und die Bestimmung für diese hat statt bei jeder Farbe des Blutes, mag es gelb oder anders erscheinen, und jeder Mensch oder jedes Gerät, an dem es haftet, muss unrein sein, während das am zweiten Tage erscheinende Blut nur eine augenblickliche Unreinheit erfordert, d. h. der Gegenstand wird sofort rein. Wenn das Blut eintritt oder einige Tage andauert, so darf sie während seiner Dauer nach der erwähnten Zahl von Wochen nicht zählen und sie ist zu allem, was für die Menstruirende gilt, verpflichtet. Dann aber muss sie für sich bleiben und ist erst nach sieben vollen Tagen rein. Während der Tage der Zählung darf sie nicht mit den Reinen zusammenkommen und nicht mit dem Manne ehelichen Umgang pflegen. Thut er dies aber absichtlich, so herrschen über diesen Fall zwei Ansichten. Nach der einen ist dies gleich dem Beischlaf der an Absonderung leidenden Frau (Lev. 20,18), nach der zweiten nicht; doch ist die erste Ansicht vorzuziehen und richtiger, weil auch sie sich in der Absonderung des Blutes befindet wie die דוה. Ebenso die Gebärerin in den Tagen ihrer Reinigung oder Absonderung, da sie sich von dem Blute der Geburt zu reinigen hat." — a)

---

a) فهذه شرائع النده והזבה והיולדה وجملة الخلاف بيننا وبينهم فيها فى الدم الاول وذلك فى وجهين احدهما انه نجس بكل لون وليس فيه نوع يوصف بالطهر الثانى انه وحده هو الذى يلزم منه سبعة ايام بخلاف الحادث فى اليوم الثانى واى شىء حصل عليه هذا الدم من انسان الى انه يلزمه سبعة ايام وما يحدث فى اليوم الثانى يلزم عنه

Schon die Niddah 33a citirte Baraitah kennt den hier zuerst aufgeführten Punkt als eine ausschliesslich sam. Auslegung, indem sie die vorangehende Mischnah erklärt durch die Bemerkung, dass die Sam. „das rothe Blut als eine Fortsetzung des zuerst geblich erscheinenden Blutes ansehen nnd so beide einander gleich stellen"¹). (שרואות דם ארום ומשלימות אותו לדם ירוק) M. nun hält an dieser Auffassung fest und sucht sie gegen Saadiah mit den Worten zu verteidigen: „Der Beweis der Rabbinen (für die Unterscheidung der Blutarten) gemäss dem Satze „zwischen (reinem) Blut und (unreinem) Blut" (Deut. 17, S. Nid. 19a) ist hinfällig, der augenscheinliche Sinn ist vielmehr die

---

¹) Die Ansicht Geigers in Hechaluz V, 29, der diese Erklärung der Mischnah zu Gunsten einer von ihm gegebenen verwirft, ist um so mehr abzuweisen, als R. Meir, dem jener Ausspruch angehört, in Verkehr mit den Sam. stand und daher ihre Verhältnisse wohl kannte (vgl. Chul. 6a)

حال واحد وايضا وجه ثالث وهو ان شريعة הנדה ندوم سبعة اسابيع ومن بعد ذلك مع اتصال الحادث يكون זה وشريعة הזבה تعرف باتصال حدوث الدم عنها بكل لون من اصفر وغيره واى شىء حصل عليه هذا الدم من انسان الى الة يلزمه سبعة ايام وما يحدث فى اليوم الثانى يلزم عنه حال واحد يعنى يطهر لوقته واما ان يتصل الدم وحدوثه او يتحلل فى ايام ولا يعتد (تعتد؟) بتحلله بعد الاسابيع المعلومة ويلزمها ما يلزم הנדה واذا بقيت وطهرت بعد سبعة ايام كمل وحكمها فى ימי הספירה ان لا تختلط بالاطهار ولا ينضاجع معها الزوج وان انضاجع على سبيل المعصية ففيه وجهان احدهما ان يقاس على وطى הרוה والثانى لا يلزمه والاول اولى واصح لانها فى غفلة دم قد يقدم כאלדוה وكذلك הילדה فى ايام نفاءها او غفلتها لاجل النقاء من دم النفاس،

Unterscheidung zwischen dem, der mit Absicht getötet, und dem, der es aus Versehen gethan hat". a) Der Mangel an Festigkeit in der Wahrung der alten Traditionen und die Unselbständigkeit der Sam. ist auch hier wohl zu erkennen. So zeigt bereits der Verfasser des كتاب الكافي deutlich den Einfluss der Karäer, welche hierin erleichternd verfuhren und nach Ader. טומאה 'ע X nur im zweifelhaften Falle für die schwerere Seite entschieden. „Die siebente Art (der dort näher beschriebenen 7 Verunreinigungen) — heisst es in jener Hdschr. — ist das Blut des Zweifels. Wenn nämlich eine Aenderung in der Farbe entsteht und es sich zur schwärzlichen, bläulichen oder gelblichen hinneigt, so entsteht eine Ungewissheit und man muss die Frau, so lange dies währt, entfernen". b) Anders die zweite hier berührte Differenz, dass nämlich nach den Sam. die Menstruirende nur bei ihrer ersten Blutabsonderung, dann aber alles, das sie berührt, 7 Tage lang verunreinige, eine Auffassung, die von sämmtlichen Karäern gegenüber den Rabbinen geltend gemacht wird (vgl. Eschkol Hakkof. 29 b, Mibchar zu Lev. 15,24 u. Ader. a. a. O.). Karäer sowohl, als auch Munagga, der die Geschichte seiner Auslegung nicht kennend, oft zu den Beweisführungen der geschulteren Karäer seine Zuflucht nimmt, suchen darzuthun, dass Lev. 15,24 nur von einem unvorhergesehenen Falle, d. h. wenn die Blutabsonderung zum ersten Male unerwartet eintritt, spricht, da sonst den Thäter die Strafe der Ausrottung nach Lev. 20,18 treffen

---

a) واستدلالهم بقوله כי יפלא ... בין דם לדם فانه استدلال محال (?محتمل) (codd.) والاظهر انما هو الفرق بين من قتل بقصد او بسهو،

b) القسم السابع وهو دم الاشتباه وهو تغيير يحصل فى اللون اما الى الغبرة او الى الزرقة او الى الصفرة فيحصل منه اشتباه ويجب اهمال الامراة مدة وجوده،

müsste. In der That aber scheint diese verschiedene Deutung einen tieferen, inneren Grund und eine samarit. Textesabweichung veranlasst zu haben. Während nämlich die Rabbinen jenen Satz wie alle vorhergehenden Sätze von der Menstruirenden während der ganzen Zeit ihrer Unreinheit verstanden und in dem den Nachsatz einleitenden Worten ותהי נדתה ע׳ die Vorschrift für die Verunreinigung durch den Beischlaf, der in seinen geseztlichen Folgen von jeder anderen Berührung verschieden ist, erblickten (S. Sifra z. St.), suchten die alten Samarit. die abweichende Bestimmung der siebentägigen Unreinheit zu erklären dadurch, dass sie ותהיה נ׳ ע׳ d. h „und es tritt ihre Absonderung (unerwartet) bei ihm ein" lasen, (wie auch Abu Said übersetzt فتكـنـت بـعـنـتـهـا عـلـيه nicht تكون), und den Nachsatz erst mit יטמא (für das massoretische, den Nachsatz nur fortsetzende וטמא) beginnen liessen. Somit galt nach ihnen die sonst auffallendere Bestimmung des Satzes nur von dem Tage, da das Blut zum ersten Male eintritt und also die Frau noch, ebenso wie der von ihr durch den Beischlaf berührte Mann, volle sieben Tage unrein ist. Zu dieser Erklärung waren die Samarit. auch aus inneren Gründen gezwungen, da es ja nach ihrer Auffassung keine Abstufung der Unreinheiten wie bei den Rabbinen giebt und auf den Berührten stets die Unreinheit der berührenden, verunreinigenden Person ohne Veränderung überging. (vgl. Einl. II cp. X) Die Karäer haben hier, wie in zahlreichen anderen Fällen, die sam. Deutung mit Beibehaltung des massor. Textes angenommen und mussten so jener andere Gründe unterschieben. —

Einen eignen Weg schlug jede der drei Sekten, Rabbinen, Sam. und Karäer, in der Unterscheidung der נדה und זבה ein. Die ersten beziehen Satz 25 auf die an 3 aufeinanderfolgenden Tagen stattfindende Blutabsonderung während der elf Tage, die zwischen einem jeden Menstruum liegen. Nach den letzten dagegen spricht dieser Satz von dem Erscheinen des Blutes acht Tage nach Beginn des eigentlichen Menstruums²). Was die alten Sam. darunter verstanden, wird uns nirgends mitgeteilt oder angedeutet. Dass nämlich Munaggas Erklärung nur seine eigene, nicht die seines Volkes ist, erhellt schon aus seinen eigenen Worten³). „Das Ende der נדה — sagt er — ist nach sieben Wochen, da diese eine vollständige Zahl ausmachen⁴), und durch sie die genaue Unterscheidung zwischen dem Gesetze über die נדה und dem der זבה bestimmt wird. Bisweilen erscheint das Blut ausserhalb der Tage der Reinheit, bisweilen dagegen innerhalb derselben, so dass sie zwei bis drei Tage rein ist, dann unrein wird und ihre Gewohnheit während der Zeit der Reinigung (עת נדתה) sich ändert. Dies wiederholt sich nach sieben Reinigungen, und sie muss dann ein Bad nehmen. Dies heisst Danaf, welches eine bekannte Krankheit ähnlich der des Flusssüchtigen ist. Sie hat ein langes Siechtum zur Folge, deren Veranlassungen bereits die geschicktesten Aerzte und wir selbst in mehreren Schriften dargethan haben". a)

---

²) Beide Deutungen werden von M. angeführt, letztere im Namen Anans, und zu widerlegen gesucht.

³) Schorr (Hechaluz VIII S. 54 ff) sieht in dieser Deutung wieder die »alte Halacha«, zu welcher Annahme ihn insbesondere Sifra zu Levit. V, 3 wo ימי חומרן, die Tage der schwereren Unreinheit während des Flusses, von den ימי קולן, den darauf folgenden Tagen der leichteren Unreinheit geschieden werden, verleitet. Indessen sprechen 1) diese, wie alle angeführten Stellen nicht von verschieden dauernden, durch Berührung der Menstruirenden entstehenden Unreinheiten 2) nur von einem Unterschiede zwischen den Tagen des Blutflusses und den nach diesem folgenden, nicht aber zwischen dem zuerst erscheinenden und später sichtbarem Blute, 3) verbietet geradezu Sifra zu Lev. 15, 24 diese sam.-karäische Auffassung.

⁴) Ueber die Verehrung der Siebenzahl seitens der Sam. vgl. Beer, Buch d. Jubil. S. 45.

---

a) ونهايةِ دم נדה سبع اسابيع لانها ع.ا.د كامل وبها يقع التمييز والعرف الصحيح بين شريعة הנדה והזבה وقد بحدث

Die letzten Worte deuten darauf hin, dass M. bei dieser seiner Erklärung mehr seinen medicinischen Erfahrungen, die er in unserem Werke auch sonst bekundet, (vgl. Einl. II) als einer Tradition gefolgt ist und daher seine abweichende Ansicht in verschiedenen Schriften als die richtige hinzustellen sucht. Dass diese aber bei seinem Volke nicht durchdrang, beweisen die Erklärungen anderer samarit. Gelehrten. So sagt Ibrahim zu Lev. 15,25 ימים רבים اذا جاوزت الاسبوع الثالث „viele Tage" d. h. so bald der Fluss über die dritte Woche hinaus sich erstreckt". Anders lehrt der Verf. des كتاب الكافي, dass „das Blut der Flusssüchtigen dasjenige ist, bei dem die Absonderung der Frau 2 Wochen (nach dem Beginn der monatlichen Periode) eintritt". a)

Wir haben demnach so viel verschiedene Erklärungen über die Deutung von זבה, als uns Ueberlieferungen darüber vorliegen, und wir sehen zugleich, was von dem Alter und der Zuverlässigkeit sam. Traditionen zu halten ist, wenn nach einer so langen Vergangenheit noch so grosse Uneinigkeit über die Grundbedeutungen ganzer Gesetzesabschnitte herrschte.

Einer ähnlichen Schwankung begegnen wir betreffs der praktischen Ausführung der Lev. 15,28 genannten Vor-

---

الدم على وجه من الاتصال لا يغرق بايام طهر وقد يكون الامر فيه بخلاف ذلك ان يحدث تنزه ويغرق فى حدوثه ذلك بحيث تطهر المراة يومين او ثلاثة ايام ثم חטמא فتغير عادتها فى زمان الطهر وهو עת נדתה ويتكرر ذلك سبع نوب من نوب الطهر فيحكم عليها بארחצות وهى الدنس وهى علة مشهورة مثل הזב ويورث منها مرض طويل ويكون حدوثه عن اسباب قد ذكروها حذاق الاطباء ونذكرناها نحن فى عدة من كتبنا وهذه شريعة بذاتها'

a) דם הזבה وهو الذى يحصل فيه تعكيس (?) المراة بعد الاسبوعين‘

schrift über die Zählung der Flusssüchtigen. Die angeführte Baraitah überliefert von den sam. Frauen, dass sie während ihres Blutflusses abweichend vom rabbinischen Brauche den letzten Tag desselben zu den sieben Tagen der Zählung rechnen. יוֹם שֶׁפּוֹסֶקֶת בּוֹ סוֹפַרְתּוֹ לְמִנְיַן שִׁבְעָה. So führt auch der Gewährsmann des Abulfatach (a. a. O.) als ausschliesslich dositheischen Brauch an, dass die Frau erst von dem auf den Blutfluss folgenden Tage an zu zählen beginnt, ähnlich wie bei den Festtagen von Abend bis zu Abend"[5]).

Munagga aber, der dem hier erschwerenden Standpunkt der Rabbinen (und Karäer) nachzueifern sucht, lehrt auch im Namen seines Volkes: „Wenn die Flusssüchtige in den Tagen ihrer Zählung Blut von irgend welcher Farbe sieht, so muss sie eine neue Zählung beginnen und nochmals bei derselben berücksichtigen, dass es volle Tage vom Abend bis zum Abend sind, wie bei der Schöpfung, und sie darf dann nicht einen Teil des Tages für einen Tag zählen". a)

Der am Schluss behandelte Streitpunkt, betreffs der Unreinheit der Wöchnerin, ist bereits jüd. Zeitschr. I S. 51 und Hechaluz V, S. 29 und VII 1,58 näher erörtert. Doch

---

[5]) Vgl. Kirchheim, Karme Schomron pg. 26; arab. lautet d. St. وانا حاضت الامراة لا يحسبوا لها الا من غد ذلك النهار. أَلْمِنْهَار شبه الاعياد من الغروب الى الغروب Es stände demnach حاص bei der זבה, obwohl es sonst von der נדה gebraucht wird. Allerdings müsste dann Abulfatach, der doch Jahrhunderte nach Munagga lebte, entweder blindlings seinem Original gefolgt sein, ohne an die Veränderung in seiner Zeit zu denken, oder M.'s Auffassung wäre nur eine vorübergehende, resp. wie auch sonst manchmal, eine individuelle. Eine andre Auffassung dieser Stelle s. bei Herzfeld, Geschichte des Volkes Israel, II, 600.

---

a) ولو جاءها .. فى ايام سفيرتها اصفر او اسود او ابيض وجب.. استئناف عدد غيرها وقد تعود فى السفيرة انها ايام كاملة معرب عد عرب خليفينة لا يجوز فيها ما يجوز فى غيرها من خبر بعض اليوم بيوم.

spricht die Thatsache, dass mit den Sam. zugleich auch die alten Perser, während der 40-, resp. 80 tägigen Unreinheit einer gebärenden Frau den ehelichen[6], Umgang und sonstige Annäherungen verbieten (Sommer, bibl. Abhandlungen S. 275), sowie dass beide Völker ähnlich wie die alten Inder eine strenge Absonderung der menstruirenden Frau auferlegen[7]), welche Ansicht bei den Rabbinen nur vereinzelt und nie in so ausgedehntem Maasse vorkommt, (vgl. Hechaluz, VIII, S. 53 ff.), endlich der Umstand, dass die auffallende Art, die verunreinigten Orte durch Feuer zu reinigen, bei Sam. und syrischen Heiden die gleiche ist, (vgl. Einl. Abschn. I) wahrlich nicht für einen altisraelitischen Ursprung dieser Gesetzesdeutungen. Vielmehr ist es mehr als wahrscheinlich, dass bei den mannigfachen Beziehungen und scheinbaren Verwandschaften, in denen gerade die im Orient verbreiteten, heidnischen Anschauungen über Reinheit zu den entsprechenden biblischen Bestimmungen stehen, die Sam. hier mehr als irgendwo ein Stück Heidentum zu erhalten und vielleicht unbewusst die heil. Schrift von diesem Standpunkt aus zu erklären versucht waren[8]).

---

[6]) Auch bei den um Bagdad wohnenden Sabiern besteht das Verbot, sich 40 Tage lang von der Gebärerin fern zu halten. (Siouffi, la religion des Soubbas pg. 200).

[7]) Vgl. samarit. Briefe und Petermann: Reise im Orient 277; für die Perser: Spiegel, Avesta Vend. 218 ff., Einltg. zu Visper. 44 ff.; für die Jnder: Gesetze des Manu IV, 4 ff u. ib. 57, wo sogar das Sprechen mit einer solchen Frau verboten wird.

[8]) Kürzer ist dies Thema behandelt im كتاب الكافي cp. 11, (باب فيما يعرض من الطمواث الجوهرية الرجال والنساء) und noch summarischer in den Briefen der Sam.

VITA.

Natus sum, Leopoldus Wreschner, fidei veteri addictus Vratislaviae a. h. saec. LXV. die duodecimo mensis Februarii patre Wolfio, matre Charlotte. Gymnasium regium patriae urbis ad aedem S. Mathiae per septem annos frequentavi. Parentes mei diligentissimi ad me educandum atque excolendum quam plurimum poterant curae contulerunt. Testimonio maturitatis anno MDCCCLXXXIV impetrato, almam universitatem Viadrinam unum semestre petii, scholis orientalibus, quas habuerunt vv ill. Fraenkel, Graetz, Praetorius, operam navans, eodem tempore scholas praeceptorum seminarii judaico-theologici, a Fränkel conditi, audivi. Deinde ad universitatem Berolinensem me contuli ibique quinque semestria studiis philologiae orientalis, philosophiae, theologiae iudaicae me dedidi; scholas audivi vv. ill. Barth, Jahn, Paulsen, Schrader, Zeller, itemque scholis praeceptorum seminarii rabbinici sub auspiciis Dr. Hildesheimer florentis interfui. Omnibus praeceptoribus, maxime autem Prof. Barth, optime de me merito, gratias nunc ago quam maximas. —